Cómo hacer guiones de Tv

Daniel Carballo

Published by Daniel Carballo, 2022.

CÓMO HACER GUIONES DE TV

First edition. May 14, 2022.

Copyright © 2022 Daniel Carballo.

ISBN: 979-8223570332

Written by Daniel Carballo.

CÓMO HACER

GUIONES DE TELEVISION

Ampliables y Modificables

Proyecto Completo

Con Sinopsis y Story Line

Cómo presentarlos a una productora
o realizarlos usted mismo

Daniel Carballo

Legales

Publicado por: Daniel Carballo

Diseño e imagen de portada:
DANIEL CARBALLO

Conclusiones

¿LAS CONCLUSIONES PRIMERO? Claro, somos autores. La verdad es que podría resumir todo este libro en menos de 20 páginas. Pero, ¿y los ejemplos? Hay muchos, mejor que sobren.

Este es un pequeño manual práctico, completo, en el que se incluye como hacer un guion de televisión o largometraje, y su respectiva comercialización, dirigido a nuevos emprendedores y escritores.

Mi nombre es Daniel Carballo. Soy de Córdoba, Argentina. Comencé escribiendo cuentos, relatos, porque me salían, nada más. Luego conocí a un hombre, si lo busca en internet lo encuentra, llamado Miguel Iriarte, de mi misma localidad. Yo le enseñaba computación, ya que él escribía en aquella época, antes de que existiera Windows, en un sistema muy básico llamado Wordstar MS-Dos. ¿Se lo imagina? No existía Google ni Whatsapp. A cambio, él me enseñó a escribir obras de teatro. Me dijo algo que siempre recordaré...

—Si querés escribir teatro, tenés que vivir en el medio.

Asistí a sus clases, como oyente al principio, luego como pésimo actor, cuyo personaje no tenía ni una línea, solo debía balbucear y hacer gestos al lado de la actriz principal, era una comedia, por supuesto. Fue divertido. En teatro, aunque uno no sepa actuar, siempre es divertido. A la semana escribí mi primera obra de teatro: «La leyenda de la paloma y el pez», hoy en día se encuentra gratuitamente en mi página web y canal de videos. Fue muy exitosa en su época. A la fecha de hoy, hace más de 20 años. Menciono el hecho de conocer a este hombre, trabajar en una obra de teatro, y de escribir teatro, porque son todas acciones afines, y de allí, a la televisión, solo hay un paso. Es muy parecido escribir obras de teatro y guiones de TV. En ambas, se debe conocer el medio, a los actores, ver sus ensayos, evaluar distintas locaciones, si es de día o de noche, lo que es una voz en off, y poco más.

Continuando con la historia, años más tarde me presenté en la universidad local con un proyecto televisivo, solo tres capítulos (los presento aquí, en este manual, junto a su proyecto original para que le sirva de guía); lo tomaron de inmediato. También me inscribí en un curso de guiones de Tv de forma online para aprender aceleradamente, ya que fue osado el emprendimiento y bien visto por el personal facultativo. Me causa mucha gracia, en la época era novedoso hacer cursos online, y nada menos que con Argentores televisión, la Sociedad General de Autores de la Argentina, cuyo fin principal es la administración de nuestros derechos y nos brinda protección legal y tutela jurídica; una pasada. Realicé el curso online, nada de Meet, Zoom, ni siquiera Skype, leía las clases en un blog y realizaba preguntas por correo electrónico a mi docente, María teresa, se llamaba. Tuve que estudiar a medida que aumentaba más capítulos a mi guión. Tanto mi tutora, como en la universidad, me hicieron correcciones. Sin querer me había complicado con los guiones técnicos. Trabajé de la mañana a la noche durante meses, entre 12 y 14 horas diarias. Al final, la producción técnica y suposterior salida al aire no se realizó, pero el emprendimiento fue un éxito total, al menos para mí; intentaré detallar. Se acercó a mi localidad un canal de televisión y hubo mucho alboroto para realizar esta serie. En aquel momento no se llamaba serie, sino simplemente sitcom, que es un formato de televisión de 24 minutos, tipo comedia, sin serlo. Tocaré nuevamente el tema más adelante, lo principal, para finalizar la historia, es que el proyecto no se realizó, pero quedó completo y lo expongo en este manual, junto a otras actualizaciones.

Con respecto a la producción de hoy en día, año 2020, o cuando vea este manual, tendrá una gran oportunidad; estamos saliendo de una pandemia, y el mundo siempre está en crisis, si no es por lo mencionado, será por una guerra entre países o simplemente por la nefasta economía que nunca se estabiliza. Como sea, los actores y productoras están a la espera de nuevas propuestas, a lo que añado, el formato de las plataformas de video, otra excelente oportunidad de autoproducción.

Si es escritor, o tiene la habilidad de vender un producto, o ambas cosas a la vez, este es su momento. Puede hacer un proyecto completo como se lo expongo aquí y realizarlo usted mismo. Si tiende a la autoproducción, conviene más el esfuerzo propio, que darle nuestro trabajo a las productoras para que nos abonen el servicio.

Permítame que se lo ilustre aunando los temas. La historia del teatro es fascinante y se remonta a la antigüedad. Tiene orígenes prehistóricos en antiguos ritos, donde el ser humano empezó a ser consciente de la importancia de la comunicación para las relaciones sociales, y ponga el ojo aquí, en esta palabra: «Sociales». En la antigüedad, Grecia dio a luz el arte dramático; ponga el ojo en «Arte y dramático». En diferentes culturas, casi todas utilizaron el teatro para educar a sus jóvenes, rezar a sus dioses, o recordar sus mitos. La evolución continuó, le siguió la radio y sus famosas radionovelas, con los mismos fines, de paso, las empresas vendían sus publicidades entre medio. Con el avance de la tecnología, llega el cine mudo y la televisión; ambos, gracias a la fotografía, que captura una escena, y luego otra, y otra, creando así una película. Lleganos a los canales de video, me refiero especialmente a las plataformas como YouTube, que han revolucionado la forma en que contamos y consumimos nuestras historias. Muchos creadores de contenido se ganan la vida vendiendo espacios publicitarios delante o sobre los vídeos que crean. En resumen, los canales de video han demostrado ser una herramienta poderosa para contar historias y compartir información; como escritores, o productores, ya no estamos atados.

Es cierto que podemos acceder, a través de un representante (o ganando un CONCURSO por un libro), a Netflix, Disney, y otras, pero es sumamente difícil acercarse; hay que hacer carrera primero. Es posible para un principiante, claro que sí, pero en este tema hay que ser osado y tener suerte. Como Sylvester Stallone, que escribió, actuó, y produjo sus películas más taquilleras; hay una docuserie contada por él mismo en la plataforma Flix, puede buscarla. Osado el hombre, y tuvo un culo de suerte. En general, para comenzar, lo más a la mano hoy en día para lanzarse sin morir en el intento, es a través de «Docuseries», creadas por nosotros mismos. Hay otros géneros, el Factual, nombre caprichoso, si se quiere, que se basa en la realidad, no con el objetivo de informar al espectador sobre el mundo real sino de entretenerlo. También está el formato «Reality», en el que se muestra la vida de un grupo de personas con el único objetivo de entretener mostrando su vida y sus experiencias. Y otros como el Info-entretenimiento o el Coaching: Formatos en los que, a través de casos reales, se trata de mostrar modos y formas de superar problemas o conflictos.

Pues, todo muy bonito, pero ¿cómo se escribe un guion completo? ¿Cómo consigo Sponsors, realizo una sinopsis, un story line, y armado de la carpeta general? ¿Para qué sirven estas cosas? ¿Son útiles siquiera?

Este pequeño manual está dirigido a nuevos emprendedores y escritores que quieran lanzarse al medio audiovisual según su nivel de osadía. Independientemente del país de donde usted sea, puede crear su propio canal de videos, si va más allá, una pequeña productora, o asociarse con alguien para tal fin. He visto pequeñas productoras por dentro, solo se necesita un galpón, un espacio amplio y techado para filmar y un par de cámaras; actores, por supuesto, los de teatro para comenzar, son muy económicos, y algunos Sponsors. Por supuesto, también está la opción de probar suerte a la antigua. Escribir un guion, hacer su carpeta como se expone aquí, y comenzar a golpear puertas de productoras estables. Le digo una cosa más, si busca en internet el guion de la película JOKER, es gratis, se dará cuenta de tres cosas: que el guion no es muy bueno, que la técnica utilizada es la que aquí se expone, incluso con menos detalles, y que el actor ha logrado que la película tenga reconocimiento a nivel mundial.

En concreto, si usted tiene posibilidades, con un par de cámaras y sonido, buenos actores, y si sabe lo básico de cómo hacer un guion y su comercialización, está a un paso de lograrlo. Como se dice por aquí, se hace camino al andar.

Cómo se escribe

Para comenzar, un ejemplo bien breve, un corto de 10 minutos para niños.

Lo primero, es que se haga una idea de cómo se escribe un guion aceptable por cualquier productora. Más adelante tendrá los pormenores técnicos, por el momento, vaya al grano. ¿Le es fácil, difícil? ¿Puede hacerlo, o no?

Este corto televisivo, tiene algunas palabras que le pueden ser extrañas.

V.Off = Significa, Voz audible. Es como si se escucharan pensamientos. Es una voz que se escucha, sin que sea palabra hablada.

ESC. 1, 2, 3... significan cuadros. Cada uno es un solo hecho. Una imagen que incluso puede durar bastante tiempo, pero que transcurre en un mismo lugar.

ESC. 1: INTERIOR AUTOMÓVIL. PUERTA DEL COLEGIO. : 20 SEGS.

Significa que la escena 1, o cuadro 1, transcurre en el interior de un automóvil, que está en la puerta del colegio y dura 20 segundos. Imagine. Vea el cuadro. Las cámaras están dentro o fuera de un automóvil. Se ve hacia fuera, que está estacionado en la puerta de un colegio. Necesitará extras, como transeúntes, y todo esto dura 20 segundos.

Por supuesto, cuando se describen las acciones, se dice que el Niño, casi abriendo la puerta del auto, le da un beso a su mamá y corre al oírse en Off el timbre. Luego se escucha su voz, que dice: «Otro día más de clases. No sé cómo será la vida de otros niños, pero la mía es bastante común»... Entiéndase aquí, que se escucha su voz, no se lo ve hablar. El niño solo hace las acciones mientras se escucha su voz.

Todas las escenas son iguales. Se especifica, escena 1, escena 2, 3... de forma abreviada. Donde transcurre y cuánto dura. Más adelante, verá que incluso se especifica si es de día o noche.

Las conversaciones, que es lo que se dice, o sea que se los ve hablar, debe aclararse en negrita, y otro detalle importante, si hay acciones o emociones incluidas, deben ser entre paréntesis. Ejemplo:

Srta.: Buenos días alumnos.

Alumnos: Buenos días Srta.

Srta.: Saquen una hoja. Prueba de redacción.

Alumnos: (Con pesar) ¡Uhh!

Srta.: ¡Cómo dicen!

<u>Si se subraya algo, es porque tiene mucha importancia que así sea.</u>

PP y PPP, significan primer plano, y primerísimo primer plano. Es como decir, la cámara toma desde cerca, y desde muy cerca. PC y PG, significan plano corto y general, es como decir, la cámara toma de la cintura para arriba, y a un par de metros de distancia. Para este último, con sus manos, pulgar e índice tocándose, colóquelas sobre los ojos y mire a través, eso es un plano general; dicho de otro modo, es la visión que abarca su mirada. Una última palabra, travelling; significa que la cámara designada sigue a su objetivo, que puede ser una persona, animal, vehículo, o lo que se mueva, una bicicleta, helicóptero, dron, etc.

Por el momento, creo es suficiente para comenzar, lea el guion, en su cabeza deben formarse imágenes. Hágalo, seguimos después.

Proyecto escolar

RATERO Y YO

* Capítulo Televisivo de 10 min. *

ESC. 1: INTERIOR AUTOMÓVIL. PUERTA DEL COLEGIO. : 20 SEGS.

(Niño casi abriendo la puerta del auto, le da un beso a su mamá y corre al oírse en Off el timbre. Sube las escaleras, PG al automóvil que toca bocina, PC al Niño que saluda con la mano e ingresa al lugar corriendo. El automóvil en Pg se aleja).

Niño. V. Off.: Otro día más de clases. No sé cómo será la vida de otros niños, pero la mía es bastante común. Mamá me lleva al colegio, me da un beso y toca bocina antes de irse, mientras yo corro porque siempre llego tarde.

ESC. 2: INTERIOR DEL COLEGIO. GALERÍA. AULA. 30 SEGS.

(Niño sube corriendo las escaleras, se tropieza, el hombre que hace la limpieza, lo reta porque le tira el balde. Niño pide disculpas, corre por una galería hasta llegar a su aula, que está con las puertas abiertas y los alumnos conversando y acomodándose en sus asientos. Una niña saluda al niño, los demás lo ignoran. Niño se sienta en su lugar y bosteza).

Niño. V. Off.: Subo las escaleras sin mirar, le tiro el balde sin querer a Tito, que me implora cuidado cada vez y yo ruego sus disculpas.

Niño. Suspiro en Off: ¡Ahh, mis compañeros! Siempre igual, salvo unos pocos, los demás ignoran mi existencia. Pero ellos no saben algo que yo sé. Les contaré. Después del bostezo (lo hace), ahhh; disculpen.

ESC. 3: AULA DE CLASES. 3,00 MIN.

(Srta. entra a aula rápidamente, travelling desde atrás. Los niños que se encuentran sentados dejan de conversar y jugar y se ponen de pie.

Srta. frunciendo el ceño deja unas hojas sobre el escritorio, se sienta y cruza las piernas).

Srta.: Buenos días alumnos.

Alumnos: Buenos días Srta.

Srta.: Saquen una hoja. Prueba de redacción.

Alumnos: (Con pesar) ¡Uhh!

Srta.: ¿Cómo dicen!

(Srta. poniéndose de pie y caminando hacia el pizarrón. PG a Niños que bajan la vista mientras sacan una hoja).

Srta. (enojada): La prueba de redacción se titula... ¡escriban niños!... (escribe en pizarrón): Mi mascota y yo...

(Algunos de los niños le sacan la lengua a la Srta. y hacen caras graciosas. Srta. se da vuelta de repente con gestos de gruñir, los niños escriben seriamente).

Srta: ... Donde dice mascota (escribe en el pizarrón), cambiar por el nombre de sus mascotas; ¡entendido! (Se da vuelta).

Niños juntos: ¡Sí, Srta.!

(Alumnos vuelven a sacar la lengua y demás, mientras la Srta. está de espaldas. Se da vueltas. Niños serios copiando del pizarrón. Uno de ellos levanta la mano).

Niño: ¿Qué es mascotas?

Srta. en PPP cara arrugada de histeria: ¿Cómo que es mascotas!

PPP al niño que baja la mirada. PP a la Srta. que chasquea los dedos y señala a uno de los alumnos que trataba de esconderse de su mirada.

Srta.: ¡A ver, a ver, vos! ¡Un nombre de mascota, rápido!

(PG al niño y a sus compañeros con disimulada cara de susto).

Niño temeroso.: ¿O... O... Osito?

(Ríen algunos, otros, cabeza baja, como si quisieran esconderse).

Srta.: ¡Muy bien! (lo escribe en el pizarrón).

Niño temeroso desinfla sus cachetes del alivio.

Srta.: ¿Cómo se va a llamar el relato? (golpea en el pizarrón con la tiza como marcando algo).

Niños juntos: ¡Mi Osito y yo!

Srta.: ¡Exacto! O bien, Osito y yo, omitiendo el adjetivo posesivo "Mi".

(Algunos se miran con extrañeza y encogen de hombros. Sonido de la tiza que chilla al escribir en el pizarrón).

Srta.: Bien. Otro nombre de mascota (chasquea los dedos), a ver, a ver... vos (señala a una niña).

PP a niña, temerosa, mientras otros levantan la mano. Un niño le dice a otro que levanta la mano desesperadamente.

Niño bromista: (Con gracia y sonriente a baja voz): ¡Chupamedia! ¡Chupamedia!

PPP al chupamedia (también llamado lameculos que siempre quiere quedar bien), que lo mira de reojo al bromista.

Niño chupamedias: (Indignado, murmurando): ¡Ignorante!

Srta. (Dirigiéndose a la niña): ¡Vamos, criatura; que no tengo toda la mañana!

Niña: (Dudosa) Mmm... ¿Musín?

Srta: (Lo escribe en el pizarrón). Bien. Ese es un nombre propio de gato. A ver, otro de perro. Vos (señala al niño chupamedias que levanta la mano desesperado).

(Niño chupamedias, sonriente, mirando a los demás con altanería).

Niño Chupamedias: Gastón.

Srta: (Sonríe, suspira, se emociona) ¡Muy bien! Ese es un nombre propio francés. (Suspira); ¡adoro el francés!

(Niños carraspean la garganta para hacerla volver a en sí).

Srta. (Despertando de su sueño): ¡Cómo se va a llamar entonces ésta redacción! (Golpea con la tiza en el pizarrón).

Niños juntos: Gastón y yo.

PPP a Srta. Frunciendo el ceño: Bien. Presten atención, porque lo voy a decir solo una vez. Una mascota, puede ser un gato, un perro, un caballo, un pececito, un osito, o cualquier animalito o cosa con la que jueguen. Entendieron. ¡Quien haga mal esta prueba y me comprometa con el director, le voy a poner un cero, y no van a pasar de grado hasta que yo me jubile, entendieron!

(Alumnos afirman mientras tragan saliva. PPP a la Srta. Enojada).

Alumnos, juntos: ¡Sí, Srta.!

PPP a la Srta. vociferando: Y me faltan muchos años todavía. Así es que, ¡a trabajaaaar!

(Srta. se sienta y cruza las piernas mientras mira a los alumnos con cara feroz).

PG a los niños que nerviosamente toman la lapicera y comienzan a escribir todos al mismo tiempo, excepto uno (el personaje), que se rasca la cabeza, mira su hoja en blanco, y a sus compañeros un momento ocupados en los suyo; observa por la ventana, se ve un árbol. Zoom de acercamiento hacia afuera.

ESCENA 4: ÉPOCA DE PIEDRA. 30 SEGS.

El lugar ha de estar entre rocas, maleza alta y árboles, simulando época de piedra. Los actores han de estar vestidos escasamente con pieles. Solo la voz del NIÑO es en Off.

Mujer (madre del niño), hace gestos, sonidos, se dirige al hombre (padre del niño, con un martillo de piedra grande en su mano), indicándole que mire hacia un árbol algo alejado; luego zamarrea al niño de un brazo mientras insiste con sus gestos y sonidos que ambos miren el árbol a lo lejos. (Se ven detrás, a otro hombre vecino del lugar, que tranquilamente arrastra a su mujer de los cabellos por el suelo mientras come un trozo de carne).

Niño (V. Off. Pausada): Mamá siempre quiso que yo tuviera una mascota. Cuando se lo dijo a papá, él inmediatamente estuvo de acuerdo.

Hombre asiente con sonidos y gestos, carga en sus espaldas al niño y sigue a la mujer, que toma la delantera y continúa con gestos señalando el árbol a la distancia.

Niño (V. Off. Pausada): Papá me daba con todos los gustos, siempre me cargaba en sus espaldas para que yo no caminara tanto.

Caminan, llegan al pie de un árbol, observan que en una rama muy alta se encuentra un gato algo inquieto. Hombre baja al niño, mujer hace gestos, hombre mira hacia arriba, PPP al gato que maúlla queriendo bajar. Hombre mira al niño y este asiente con gestos y sonidos, mientras la mujer se tira de los cabellos y se comporta como una mona alegre. PPP al gato en el árbol. Hombre trepa unos metros de rama en rama, se rasca la cabeza, mira hacia arriba, está demasiado alto, le hace gestos negativos y sonidos a su familia, indicando que no sabe cómo subir, discuten entre los mayores. Niño mira hacia arriba. PPP al gato en el árbol.

Niño (V. Off. Pausada): A papá le costó trabajo, tuvo algunos inconvenientes para bajarlo del árbol donde se había subido mi gato...

ESCENA 5: AMÉRICA 1492. 20 SEGS.

PPP al gato en una rama. Una escalera precaria de madera se posa sobre el árbol y el hombre (vestido de conquistador español) sube, toma al gato, baja y se lo entrega al niño. La mujer que los acompaña sonríe. Algunos indios y otros colonizadores aplauden sonrientes. PPP al niño acariciando al gato.

Niño (V. Off. Pausada): ...pero después de un tiempito, construyó una escalera, y se las ingenió para subirse, y regalármelo de todo corazón... (suspiro) Mi mascota preferida, desde siempre, fue ese mismo gato, ¡cómo lo quería!...

ESCENA 6: GUERRA EN ALEMANIA. 20 SEGS.

Los actores se encuentran vestidos con camisa y pantalones con tiradores (civiles). La casa donde se desarrolla la escena es sin techos, muy derrumbada, las paredes rajadas, etc. Se oirá en todo momento, explosiones, aviones, metralletas. Los extras contrarios estarán uniformados como nazis.

Niño juega con el gato y unas ratas de juguete (pueden ser hechas con calcetines), en el suelo. Gato sale corriendo persiguiendo a una de ellas tirada por un hilo desde afuera de la casa y niño va tras él. Hombre corre, alcanza a atrapar al niño con un brazo, y ruedan por el suelo. Se produce cerca de ellos una explosión. Mujer con una metralleta sobre una de sus rodillas, dispara a otros extras que intentan ingresar a la casa, mientras el hombre y el niño corren hacia una habitación sin techo.

Niño (V. Off. Pausada):... le encantaban las ratas, pero solo jugar con ellas, no lastimarlas ni comerlas, y las seguía a todos lados; ellas eran como sus amigas, supongo, ya que él era un gato muy especial.

(Mujer se adentra con la familia en la habitación, mientras el hombre dispara con su metralleta para cubrirla. Hay otra explosión cercana).

ESCENA 7: DESIERTO. 20 SEGS.

Los actores estarán vestidos como árabes. En el lugar hay carpas, transeúntes extras y caballos.

Hombre baja de un caballo, acomoda su rifle en la espalda y una cantimplora adelante. Mujer y niño salen de una carpa, el pequeño corre a abrazarlo. Hombre saca al gato de una bolsa y se lo entrega. Un extra se arrodilla en el suelo y ora en acción de gracias (no al hombre, a Dios), la madre del niño lo acompaña.

Niño (V. Off. Pausada): Se me extravió un par de veces, pero papá siempre se las arregló para encontrarlo (suspiro audible); ¡ahh!, era divino mi gato ratero...

ESCENA 8: ÉPOCA COLONIAL. 1890. 30 SEGS.

La familia se encuentra vestida de época colonial caminando por un parque. Perros salen de la nada y persiguen al gato, que corre, el niño va tras él. Extras llaman a sus perros, que obedecen y detienen su marcha. El gato se adentra en unos arbustos. La familia lo busca mirando alrededor y llamándolo.

Niño (V. Off. Pausada): Aunque no le gustaba mucho a los perros de otra gente, y huía sin cesar para que esos peludos mafiosos no se lo tragaran, ¡pobre angelito!...

(Familia llaman al gato mientras lo buscan): ¡Ratero, ratero; donde estás!...

Niño (V. Off. Pausada): Bueno, esa fue la última vez que se me perdió, y no pudimos hallarlo. Espero que papá lo encuentre algún día. (Suspiro) ¡Ahh, lo extraño tanto!

ESCENA 9: AULA DE CLASES. 1,10 MIN.

(Suena el timbre).

Niño despierta de su sueño, zoom hacia atrás desde el árbol que está por la ventana. PPP al niño que mira su hoja y se percata de que no ha escrito nada, mira asustadísimo a la Srta., que en PPP vocifera:

Srta: ¡Entreguen sus trabajos de inmediato!

PPP al niño que no sabe qué hacer. Niño chupamedias pasa cerca de él, lo mira con desprecio y una sonrisa burlona, le muestra diez páginas escritas por él.

Niño chupamedias: ¡Ignorante!

Los demás entregan a la Srta. sus trabajos. PP a una niña que se acerca al banco del niño y muestra su hoja escrita solo hasta la mitad, dándole ánimo con una sonrisa algo triste.

PP al chupamedias que le dice algo a la Srta., y señala al niño.

Srta.: ¡Quién no haya escrito nada, es mejor que vaya pasando por la dirección hasta que vengan sus padres!

PPP al niño que se levanta del banco desanimado con la hoja en blanco.

ESCENA 10: DIRECCIÓN. 1,30 MIN.

El niño se encuentra sentado y cabizbajo en un sillón, la Srta. fumando y tomando café con las demás extras mientras conversan y ríen cerca de una ventana alejada. Ingresa la madre del pequeño, este corre hacia ella y la abraza. La Srta. los ve, se acerca, y habla con la mujer mientras acaricia el cabello del niño falsamente.

Srta.(sonriente): Qué suerte que vino, señora (la besa en la mejilla). Resulta que mandé a llamarla, porque su nene no ha hecho la prueba de redacción, y simplemente quería ponerla en conocimiento, que su hijo se sacó un cero (sonríe). Seguramente tendrá que repetir de año.

Mujer mira al niño con una sonrisa piadosa, este baja la mirada y se acoge en sus brazos.

Mujer: Disculpe... ¿de qué se trataba la redacción?

Srta. (Sonriendo falsamente): Mi mascota y yo (sonríe nuevamente).

Mujer: (Asintiendo y acariciando a su hijo): Ah, ya veo. Bueno, si hay algo más que deba saber...

Srta. sonriente: No, no, eso es todo.

(Mujer le da la mano se despiden ambas).

Mujer: Muchas gracias por todo. Adiós Srta.

Srta.: Adiós señora, gracias por venir.

Mujer y niño salen del lugar. Niño voltea para ver a la Srta., que en PPP le saca la lengua.

ESCENA 11: PUERTA DEL COLEGIO. 40 SEGS.

Salen mujer y niño fuera del colegio conversando, niño queda medio paralizado al ver a un hombre de espaldas (su padre). Éste se da vuelta con agrado, y un gato en brazos. El niño, atónito al principio, se acerca, su madre queda detrás sonriente.

Hombre: ¿Te acordás de él?

Niño emocionado: ¿Ratero?; ¡Ratero!

Niño da un corto abrazo a su padre, recibe al gato y le da besos. PG mujer y hombre sonrientes, y al niño arrodillado acariciando al gato.

Niño emocionado: ¡Ratero!, ¡Amigo! Donde estuviste tanto tiempo...

Niño. V.Off: Bueno, este es el fin de la historia; qué más puedo agregar, soy tan feliz.

*

La idea general

Escribir un guion requiere de creatividad, no tanto de técnica dura, por más que se suponga lo opuesto; es decir, mucha técnica con efectos especiales y poca creatividad. Se puede, por supuesto, pero así son los productos finales: «Copias de copias»; aburridísimos.

El primer paso es tener una idea original y atractiva, que puede surgir de cualquier fuente, de una experiencia personal, una noticia, o la lectura de un libro. Le sigue desarrollar esa idea. Esta es la etapa creativa. Allí se deben definir los personajes, la trama, el conflicto, y el mensaje de la historia; este conjunto es la estructura, columna vertebral de cualquier guion.

Es importante que la historia tenga un buen ritmo y que los acontecimientos se desarrollen de forma coherente. Los Personajes son los protagonistas, no usted; téngalo en claro, estos deben ser creíbles, y generar empatía con el espectador. Con respecto a los diálogos, salvo se trate de un discurso, no deben ser extensos, es una antigua técnica que se encuentra en desuso. Si observa las películas de antaño se dará cuenta; mucho discurso, demasiado. Los diálogos son una herramienta esencial para desarrollar la trama, deben ser breves, naturales, y que hagan aportes a la historia; tenga presente que hablar por hablar, solo en la vida real ocurre; una pequeña ironía. El guion debe seguir un formato estándar para que pueda ser rápidamente leído y comprendido por los profesionales de la industria.

Usted ya sabe, supongo, cómo escribir, no le enseñaré eso aquí. Más bien, me interesa que vea la aplicación práctica de la creatividad, y como presentar su trabajo o autoproducirlo. Quiero decir, las productoras ya tienen la técnica, no tiene que incluirla como guionista en su material. Si ha leído línea por línea el corto anterior, se habrá dado cuenta de que no se da mucha atención a la gramática, se dijo: «Niño, en vez de el niño; Srta., en vez de señorita; padre o madre, en vez de el padre o la madre». Este formato es de lectura rápida, no está concursando como una novela; no es necesario ser tan preciso, a eso me refiero. He visto guiones escritos pésimamente, que sin embargo fueron ganadores de concursos, pero no exagere, claro está.

La mejor manera de aprender a escribir guiones es leyendo guiones. Esto ayudará a comprender la estructura, el ritmo, y los diálogos de una historia, contada en formato televisivo o cinematográfico sin complicación. Con respecto a la historia base, es como cualquier otra. El Padrino, por ejemplo, (1972), es una película basada en una novela. Cuenta la historia de la familia Corleone. Le comentaré brevemente de qué trata, ya que lo publiqué en otro de mis libros. El jefe era un hombre de honor con un código moral propio, un hijo de mil putas, pero buena persona en el fondo. Este cayó herido por un negocio que había rechazado de un narcotraficante. Uno de sus hijos se hizo cargo, y ordenó una guerra contra los malvados. Otro de sus hijos mató al jefe opositor. El viejo milagrosamente se recupera después de dramas aquí y allá, y trata de negociar la paz con las otras familias. Entre los vaivenes de la historia, el mandamás con el tiempo muere, su hijo más valiente queda al mando, y ordena una sangrienta venganza contra todos sus enemigos.

La historia es breve en sí, y nacida de una vieja idea, repetitiva, sin embargo de allí pueden salir varias películas. Si dispone de tiempo, vea una de ellas, los actores son excelentes. Si piensa en los piratas en los mares, las películas, ya sabe que atacan a otros navegantes para robarles sus territorios, tesoros y mercancías; ellos también tienen sus propias leyes, códigos de honor y jerarquías, hay historias de amor entre medio, y hasta algunos personajes son más famosos que sus autores, ¿quién no escuchó hablar de Barbanegra? Pregúntese, ¿cuántas películas salieron del mismo argumento?

¿Sabía que los japoneses no fueron ningunos angelitos? Tenían su código de conducta que les exigía honor, valentía, y lealtad a su señor feudal, a cambio de protección, privilegios y recompensas. Por otro lado, los templarios en la misma época, aunque en otra parte del mundo, fueron una orden militar y religiosa, y se convirtieron en una poderosa organización, con influencia política y económica. «Uno más uno, siempre es uno», para resumir. Los argumentos son los mismos.

¿Necesita inspiración? ¿Tal vez información? Ya le diré cómo conseguirla sin límites. Por lo pronto, avance un poco más sobre la creatividad y sobre como escribir un guion.

Un paso más adelante

Observe atentamente el capítulo próximo, es un guion profesional completo, con 65 escenas. El mismo es de 24 minutos y bastante dinámico, tantas escenas en tan poco tiempo, es un guion rapidísimo. Nada escolar. Nótese, que se trata de un proyecto viejo y con terminología local. La puntuación, ortografía, incluso gramática, no es de una novela en concurso. Intente darse cuenta que cada escena es un cuadro en sí mismo, una imagen en su mente, que bien realizada, le da al productor una sucesión de imágenes. Dicho de otro modo, mientras el guion se lee, quienquiera que lo haga, en su mente se verá una película.

Después del próximo ejemplo, ya sí, todos los detalles sobre comercialización. Por lo pronto, preste atención mientras lee.

Bloque 1, bloque 2, bloque 3, significa que cada bloque, es de 8 minutos. 8x3=24. Le dije que el capítulo completo dura 24 minutos. Los bloques son, para que los canales hagan su tanda publicitaria. Quiere decir, que cada 8 minutos, el canal, hace una tanda publicitaria. Puede ser diferente en cada país, debe consultar en el suyo, cual es el tiempo televisivo entre tanta y tanda publicitaria.

Si encuentra alguna palabra extraña para usted, pues internet ayuda en la solución. Reitero un poco lo anterior: lo que sigue, de hecho todos los guiones que lea aquí, pertenecen a un proyecto viejo. Por supuesto, también podría tratarse de una novela o serie histórica. También tenga en claro que se utiliza lenguaje local, se escribe como se habla, adapte a su región. El punto importante, es que sepa leer un guión, y darse cuenta de como debe escribirlos.

EL DIA DE GRACIA

BLOQUE 1.

<u>* 1. DÍA. INTERIOR COCINA TRABAJO FELIPE *</u>

Felipe con uniforme de Servicios de Catering, prepara unas bandejas que llevan otros mozos mientras ve en televisión el inicio del programa Top Show, con música, globos y papelitos.

Conductor = ¡Que tal, como les va; sean todos muy bienvenidos aaa!... (música).

Conductora = ¡Top Shou Wíkend!

Aplausos y silbidos de la tribuna.

<u>* 2. DÍA. INTERIOR SET TELEVISIVO *</u>

* Juego de living, tribuna de público, Conductor, Conductora y 3 invitados que esperan, Andrea, Daniela y Rodrigo, hacen el programa Top Show Weekend.

Conductor = ¡El mejor programa de entretenimientos para toda la familia!

Aplausos y silbidos de tribuna.

Conductora = En el programa de hoy, tenemos para usted...

Conductor = (Riendo falsamente, a Conductora) Te adelantaste mi vida (riendo). Te adelantaste...

Conductora = El que tiene boca se equivoca, y el que no se calla la boca.

Conductor = Así es. Vos lo has dicho. ¡Corrija, corrija el error!

Conductora = ¡Señoras y Señores, recibimos con un fuerte aplauso!... a... (música)

Conductor = ¡Rocky!, ¡nuestro excepcional e inmejorable periodista en exteriores!

Aplausos, silbidos, risas de tribuna y otras grabadas, tira de papelitos, etc.

<u>* 3. DÍA. INTERIOR COCINA TRABAJO FELIPE *</u>

Felipe = (Indignado) ¡Que basura, quién los banca económicamente a estos animales!

<u>* 4. DÍA. INTERIOR DPTO. *</u>

Ana ve en televisión mismo programa con Gaby.

Gaby = (a Ana) Ese Rocky más que payaso es un estúpido.

Rocky = (Off) ¡Bienvenidos!... ¡amigos!... ¡gracias!... ¡besos para todos!...

Ana = Tanta guita que se gastan en ese tarado y no lo contratan a Felipe, que como actor te hace cualquier papel 10 mil veces mejor.

<u>* 5. DÍA. EXTERIOR PLAZA O PARQUE *</u>

Rocky payaso está rodeado de curiosos, contratados y figuretis que aplauden al ver cartel en alto que dice "aire".

Rocky = (a su alrededor) Gracias, Gracias mis amigos. (Besa a señora gorda). Un besito a la dama. Gracias linda; (a otra) otro besito, muá, muá...

Asistente incita a los aplausos. Presentes aplauden.

<u>* 6. DÍA. INTERIOR SET TELEVISIVO *</u>

Conductor = (Sonriendo) ¡Pero basta de besos mi amigo! Ya sabemos que es un galán usted.

Conductora = Rocky es muy querido por la gente...

<u>* 7. DÍA. INTERIOR DPTO. *</u>

Ana y Mari miran por Tele.

Gaby = La gente. Que despectivo que lo dicen.

Ana = Sí, como si ellos no fueran gente.

Tele en PP, Rocky dando besos al público.

Conductora = (V. Off) Su trabajo como periodista y misionero, ha dado confianza en nuestra comunidad.

<u>* 8. DÍA. INTERIOR COCINA TRABAJO FELIPE *</u>

Tele en PP, Rocky dando besos al público.

Felipe = ¿Confianza, já; que payaso! A él lo que menos le importa es (cambio tono) "la gente".

Conductora = ¿Quiere usted y su familia cenar con Rocky en el hotel Fámili Géim?

* 9. DÍA. EXTERIOR PLAZA O PARQUE *

Mientras Rocky va dando besos al público, unos niños quieren irse con mala cara al verlo acercarse. Padre de los niños sonriente, los toma de un brazo y los reta disimulado.

Conductor = (V. Off) Participe en el sorteo de un auto 0 kilómetro que sorteamos cada semana...

Conductora = (V. Off) ¡Este auto, puede ser suyo!

Toma breve a un 0 kilómetro a unos metros alejado y a bellas modelos mujeres haciendo poses mientras les sacan fotos.

Conductor = ... ¡Así, es! Participe llamando al 0800-Rocky-querido.

Padre niños = ¿Que hacen, pórtense bien y saluden al payaso, tenemos que participar por el auto!

Asistente felicita al padre con gestos. Padre sonríe más. Se acerca Rocky a los niños para besarlos.

Conductora = ¡Solamente 3 pesos más IVA el minuto!

* 10. DÍA. INTERIOR SET TELEVISIVO *

Conductora = ¿Rocky; estamos listos ya? (Sonríe falsa) ¿Basta de besos quiere?

Conductor = ¿Podemos comenzar; se nos va el programa mi amigo! (sonríe falso).

* 11. DÍA. INTERIOR DPTO. *

Ana = ¿No les dará asco besar a ese tipo?

Gaby = Habría que verlo sin maquillaje.

* 12. DÍA. EXTERIOR PLAZA O PARQUE *

Rocky = Sí, sí. Comenzamos.

Conductora = Hagamos algún adelanto para nuestro público. ¿Que tenemos para hoy, Rocky? Vamos, denos un adelanto, sea buenito.

Rocky = Bueno... (Mirando y saludando a nadie). Gracias, gracias. (A Cámara) Para hoy tenemos el sorteo del 0 kilómetro, como siempre...

Toma breve a 0 kilómetro. Presentes aplauden, silban, tocan bombos y pitos.

* 13. DÍA. INTERIOR COCINA TRABAJO FELIPE *

Felipe = (A un compañero que ingresa) ¡A ésas la conozco; las conozco; estuvieron en el casting de la semana pasada!

Compañero sale con bandeja no importándole nada. Felipe sigue mirando.

* 14. DÍA. INTERIOR SET TELEVISIVO *

* Oso y Hormiga pueden representarse.

Rocky = Y por supuesto cuentos asombrosos para los más pequeños, como por ejemplo, el de la Hormiga Cecilia, que le reclama al oso hormiguero que deje ya de hacer bromas, y el oso hormiguero le responde: ¿cuáles bromas?

Conductor y Conductora ríen exagerados. Breve toma a los invitados que esperan, que ríen cuando se dan cuenta que salen al aire.

* 15. DÍA. EXTERIOR PLAZA O PARQUE *

Rocky = La hormiga Cecilia insiste recordándole el cuento de la buena pipa que los dos habían comenzado a jugar, y el oso hormiguero porfía en que no conoce a ninguna pipa.

Todos ríen y aplauden animados por Asistente. Rocky levanta a un niño en brazos y lo besa, niño corre la cara como no gustándole mucho.

Rocky = Entonces la hormiga se enoja y manda a pasear al oso después de un buen rato de entremezclar palabras sin sentido, como éstas, y el oso le retruca: ¿de cuáles bromas hablás Cecilia, no conozco a ninguna pipa!

Público ríe y aplaude. Bombos, pitos y papelitos.

* 16. DÍA. INTERIOR SET TELEVISIVO *

Público ríe y aplaude. Conductor y Conductora ríen como no pudiéndose contener.

Conductor = ¡Muy bueno, buenísimo!
* 17. DÍA. EXTERIOR PLAZA O PARQUE *
Rocky = (A niño en brazos) ¿Te gustó el cuento?

Niño = No.

Rocky = ¿No te gustó?

Niño = No. Bajame.

Rocky = (Riendo) Que simpático.

Asistente mueve de cuerpo rápidamente a camarógrafo para que tome el 0 kilómetro (toma de cámara se mueve violentamente). Rocky fuera de cámara baja al niño de mal gesto.
* 18. DÍA. INTERIOR COCINA TRABAJO FELIPE *
Felipe = (Ríe) ¡Me gustó! ¡Gil, los chicos dicen la verdad!
* 19. DÍA. EXTERIOR PLAZA O PARQUE *
Rocky = (A señora) ¿Le gustó el cuento señora?

Señora = (Sonriente) Sí, Rocky, nos encantó. Nunca habíamos oído uno igual.
* 20. DÍA. INTERIOR DPTO. *
Ana y Gaby se miran serias.

Gaby = ¿Será pagada esa señora?

Ana = Es "La gente", que dicen ellos.
* 21. DÍA. INTERIOR SET TELEVISIVO *
Conductora = ¡Claro que sí, Rocky! ¿Cómo le va a preguntar eso a la señora, si le gustó el cuento, por favor! A ver al público. (Se acerca) ¿Les gustó el cuento de la hormiga Cecilia?

Público = (Juntos) ¡Síii!

Asistente ayuda al público asintiendo "Sí".

Conductor = ¿Alguna otra duda? (a conductora) ¿Jugamos a la mancha?

Conductora = Dale, el que pierda hace stríp tís al final del programa.

Conductor = Hecho.

Conductora = (a Camarógrafo) ¡Vení, vení, seguime! (entra a correr y reír).

Conductor = (a otro camarógrafo) ¡Eh, vení conmigo! (corre y ríe).

PG al SET donde Conductor y Conductora corren alrededor de los sillones de los invitados con camarógrafos por detrás jugando a la mancha. Música fuerte. PG y Zoom de acercamiento y alejamiento titilantes (van y vienen). Tomas que se dan vuelta 90º de cámara; tomas desde abajo, arriba, etc. Música, risas, aplausos, silbidos, Conductores que resbalan y se caen mientras ríen, tira de papelitos y mucha confusión visual.

* 22. DÍA. INTERIOR DPTO. *

Ana y Gaby corren la cara y aprietan los ojos. Ana apaga el tele.

Gaby = (Repugnancia) ¡Agh, que hacen!

PC tele con imágenes confusas.

Ana = ¡No se van un poco a la mierda! (apaga).

* 23. DÍA. INTERIOR COCINA TRABAJO FELIPE *

Felipe corre la cara y aprieta los ojos. Se acerca a un teléfono en la pared, tipo portero que está sonando.

Felipe = (Para sí) ¡Arrgh! ¿A eso le llaman técnica; a eso llaman entretenimiento? ¡Que bestias que son! (Por Tel.) ¿Sí? Felipe habla. Sí, señor.

* 24. DÍA. INTERIOR BAR FACULTAD MEDICINA U OTRO *

Ingresan Mari y Yanina, se ubican, se ve en tele programa Top Show fragmentos de E21. Mari queda pegada sonriente al tele por momentos, Yanina sale.

Mari = Tengo hambre loca, comamos un tostado o algo.

Yanina = Bueno, un lomito pedime. Con muchas papas. Y una gaseosa grande. Y con dos huevos. Y mucho pan.

Mari = Yo quiero una milanesa grande con puré. Dos milanesas. ¿A dónde te vas!

Yanina = (En apuros) Al baño; porqué, me querés ayudar en algo (sale).

Mari = No, arreglate sola. Dale saludos a Pamela. Decile que aguante unas décadas más, que su príncipe azul ya va a aparecer con su brilloso caballo blanco, o negro, depende (ríe; ve tele).

Yanina al pasar por una mesa, saca un bollo de pan y se lo pega a Mari en la cabeza.

Mari = ¡Ay, que te rep...!

Yanina = ¿Que dijiste! (Le tira otro y le pega).

Mari = ¡Ay, nada, nada! ¡Saludos a Pamela!

Mari ríe en secreto, mira el tele. Yanina entra apuradísima al baño. PC al tele.

Mari = ¿Que hacen!

PC al tele.

* 25. DÍA. INTERIOR SET TELEVISIVO *

Tribuna aplaude. Conductores dejan de correr bastante cansados. Saludan a los invitados.

Conductora = ¡Tocado; gané, gané yo! Vos te desnudás al final del programa.

Conductor = Y bué. Que va ser. Ah, muerto, estoy muerto. Andrea Loreto, como estás.

Andrea = Hola, yo muy bien. Aunque a vos parece que no te fue tan bien hoy.

Conductor = Así parece. (Sonriente, al público) Con nosotros, ¡Andrea Loreto!

Público aplaude. Andrea saluda.

Conductor = Adelantanos algo para hoy, Andre.

* 26. DÍA. INTERIOR BAR FACULTAD MEDICINA U OTRO *

Mari ve tele. Le traen gaseosa. Se sirve. PC al Tele.

Andrea = Bueno, hoy vamos a hablar del escándalo, terrible escándalo, entre una parejita de novios famosos, muy famosos...

Conductor y Conductora = ¡Uuuhhh!

* 27. DÍA. INTERIOR SET TELEVISIVO *

Andrea = ...que este fin de semana en el cumpleaños de quince de la hermanita menor de esta joven actriz de quien hablamos, fue literalmente, "atrapada con las manos en la masa"... y en la masa ajena, para colmo.

Público risas y aplausos.

* 28. DÍA. INTERIOR COCINA TRABAJO FELIPE *

Felipe menea la cabeza indignado. Mozos entran a buscar bandejas y no están preparadas, se miran, miran a Felipe, deciden prepararlas ellos sacando cosas de una heladera.

Conductora = Explicate más por favor. De quien se trata.

Andrea = (Vergonzosa) La hermanita de 15 años de joven actriz, escuchen bien... en su propia fiesta de cumpleaños, fue sorprendida en la cocina, con el novio de...

Conductor = ¿De quién, de quien!

Andrea = De la actriz. O sea, de su propia hermana.

Público = ¡Uhhh!

Andrea = ¡Y con las manos en la masa!

Público silba y aplaude.

Felipe = ¡Que basura, es un insulto! Así está el país. Puros chismes y boludeces. ¡Delincuentes!

* 29. DÍA. INTERIOR BAR FACULTAD MEDICINA U OTRO *

Mari ve tele, sonríe por el chisme. Le traen pedido. Se sirve. Mira hacia todos lados en busca de Yanina. PC al Tele.

Conductora = ¿Digo yo, no; y habrá detalles del tamaño o envergadura de esa masa también?

Andrea = ¡Sí, todo, todo en este programa y en exclusiva para toda la gente!

Música. Público aplaude. Mari mira el lomito, luego hacia todos lados en busca de Yanina, se inquieta, sale a buscarla.

* 30. DÍA. INTERIOR COCINA TRABAJO FELIPE *

Felipe prepara con rabia unas bandejas. Mozos preparan como pueden otras, se nota a destiempo. Suena teléfono portero, Felipe atiende.

Felipe = ¿Sí? (se alegra) ¡Cómo! Sí, Señor. (Anota algo) Enseguida salimos para allá. (Corta; se alegra más; a otros mozos) ¡Arrgggh, hoy es mi día! llamen a los nuevos, necesitamos llevar unas bebidas al Top Shou Wíkend. (Eufórico) ¡Ahhggrr, déjenme entrar a ese SET y ya van a ver lo que les hago pedazo de animales! (a Mozos) ¡Vamos, rápido, rápido, que hacen acá que no se mueven!

Mozos salen corriendo con bandejas. Felipe toma a uno de la ropa para que lo ayude. Queda emocionado sacando cosas de heladera para llenar cajas.

Felipe = Vos no, vení acá, ayudame. Abrí cajas, ¡dale, dale, guardá esto para llevar! (para sí) Hoy es mi día, éste es mi día, El Día de Gracia. ¡El Día de Gracia!

* 31. DÍA. INTERIOR BAÑO *

Mari entra buscando a Yanina. Una extra sale de un baño. Mari golpea puertas, una se abre. Cámara no tomará el interior.

Mari = ¿Yani? ¡Yaniii! Se te va a enfriar el lomito. ¿Estás acá? Yani no seas boluda, me estás haciendo asustar, donde estás.

Yanina = (V. Off, abriendo una puerta) Acá estoy.

Mari = Estás pálida. Que te pasa.

Yanina = (V. Off entrecortada) No sé. Estoy terrible. Tengo frío y calor. No sé qué me hizo mal.

Mari cruza medio cuerpo de la puerta ayudando a Yanina.

Mari = ¿Estás descompuesta?

Yanina = (Tono broma) Hace años que estoy descompuesta (ríe).

Mari = Dale, salgamos afuera. Levantate. Subitelos. Dale.

Yanina = ¡Bueno, no me apurés!

Mari = ¿Podés caminar?

Yanina = ¡Sí, boba, tengo mal el estómago, paralítica no estoy!

Salen Mari y Yanina hacia afuera.

Mari = ¡Bueno no me contestés así que te meto una torta, oíste! Sobre que te vengo a rescatar.

Yanina = Uy, sí. ¿Qué sos vos ahora, La Gran Hermana que te metés en todos los baños?

Mari = Ah, callate con esa basura. La Gran Hermana. Son como 20 y ninguno tiene talento ni para rajarse un pedo.

Yanina = ¡Esperá, ay, ay!

Mari = ¡Que te pasa!

Yanina entra corriendo al baño bajándose los pantalones como puede. Da portazo bien fuerte. Ruido de estómago que está mal.

Yanina = (Off Ríe) ¡Qué mierda me pasa! No me siento nada bien.

Mari = (Tapándose la nariz y arrugando la cara) Se siente... se siente (ríe un poco).

Yanina = y encima tengo ganas de comer el lomito, ¿podés creer?

Mari = Siiii. Tratá de vomitar, te vas a sentir mejor.

Yanina = Bueno. Esperame afuera mejor. Voy en un rato. Estoy bien.

Mari = (Ventilando) será lo mejor (sale). ¡Voy a seguir viendo la televisión basura!

Yanina = (V. Off) ¡Ohhh! Televisión basura, que crueldad, por Dios.

BLOQUE 2.

* 32. DÍA. INTERIOR SET TELEVISIVO *

PP público que silba y aplaude. Conductora saluda invitados.

Conductora = (Saludando) Rodrigo y Daniela, ¿cómo están?

Daniela = Yo muy bien, gracias.

Rodrigo = Muy bien mi tú. Como estás vos; siempre tan mona y hermosa.

Conductora = Ay, gracias, que tierno. ¿A ver que nos adelantan para el programa de hoy? (al público), señoras y señores, con nosotros, Rodrigo y Daniela, nuestros excepcionales periodistas que nos mantendrán siempre informados con las noticias de mañana. ¡Siempre primeros!

Público silba y aplaude.

Conductora = Ahora sí, chicos. Los adelantos para hoy.

Música de noticiero. Rodrigo y Daniela leen de carpetas. * Por cada noticia agregar imágenes referentes. Rodrigo y Daniela las darán en Off.

Daniela = Noticias de último momento.

* 33. DÍA. INTERIOR BAR FACULTAD MEDICINA U OTRO *

Mari ve tele y come. Yanina se sienta aliviada y desesperada de hambre. PC al Tele. Imágenes de Científicos en laboratorio con un mono vestido de traje.

Mari = Se te está enfriando.

Yanina = Ya voy, ya voy.

Rodrigo = Un grupo de científicos predijo que para las próximas elecciones, es muy posible que el país tenga su primer primate político.

Daniela = Los académicos aseguran que este simio chiquito, de baja estatura, es tan inteligente, que fácilmente podría obtener la presidencia de la nación.

Música.

Rodrigo = Internacionales.

* 34. DÍA. INTERIOR COCINA TRABAJO FELIPE *

Música. Imágenes de Policías haciendo secuestro de cajas y llevando presos a delincuentes. Felipe se agarra la cabeza, prepara cajas con bebidas para llevar.

Daniela = En el día de ayer fueron secuestrados 114 kilos de preservativos pinchados.

Rodrigo = La policía aseguró que el destino último de los hules era la República de China, y que iban a ser exportados por venganza, en protesta por la fabricación defectuosa de cañitas voladoras y cuetes.

Música.

Daniela = Deportes.

* 35. DÍA. INTERIOR SET TELEVISIVO *

Música. Cámara tomará a Rodrigo leyendo y a un monitor de retorno con imágenes de un salón donde dirigentes, jugadores y empresarios discuten.

Rodrigo = El club atlético de fútbol se vio amenazado por un empresario furioso que amenazó con cambiarle el color de las camisetas si no ganaban aunque sea un solo partido en el trascurrir del presente año.

Música.

Daniela = Policiales.

* 36. DÍA. INTERIOR BAR FACULTAD MEDICINA U OTRO *

Música. Imágenes de Policías que secuestran revistas y llevan presos a delincuentes. Otra imagen, los bajan en zona mencionada, profesionales les cobran y dan factura al entrar.

Rodrigo = 3 delincuentes fueron sorprendidos a primeras horas de la madrugada en un callejón sin salida con sus pistolas personales en mano y un buen toco de revistas pornográficas.

Daniela = Los malhechores fueron trasladados a la zona de terminal de ómnibus, para que delincan allí con profesionales inscriptas en la DGI.

Música. Mari y Yanina comen, se miran entre ellas con ojos grandes.

Rodrigo = Noticias de último momento.

Daniela = Manténgase informado.

Rodrigo = Cada 30 minutos...

Daniela = Noticias de último momento.

Música final de noticiero. Público aplaude.

* 37. DÍA. INTERIOR DPTO. *

Ana y Gaby estudian en voz alta de un apunte (tema de coordinación).

Ana = Gaby, esperá un poquito. No estoy concentrada.

Gaby = ¿Qué pasa, te sientes bien?

Ana = Ay... (breve pausa). Cada vez que me acuerdo de Felipe me da una angustia.

Gaby = Por qué.

Ana = ¿Vos que tanto conocés a tu novio?

Gaby = ¿A Agustín? Lo conozco bien. Crecimos juntos. Desde niños compartíamos todo. Él jugaba hasta las muñecas conmigo para no dejarme sola. Es muy bueno. Muy compañero. De buen corazón. Por qué.

Ana = ¿No te da angustias eso, conocerlo tan bien?

Gaby = No. Y no sé qué dices. ¿A qué te refieres, porqué hablas de angustias?

Ana da un suspiro profundo, sufrido, visible.

* 38. DÍA. INTERIOR SET TELEVISIVO *

Director = ¡Fuera de Aire; dos minutos!

Detrás de cámaras. Están en corte. Productor (éste debe notarse) termina de dar indicaciones a Director de Piso, que se acerca a conductores que leen un guion y les explica algo. Asistente da otras indicaciones al público enseñándoles carteles. Productor (debe notarse), hace señas a Maquilladores para que maquillen a invitados. Sonidistas e iluminación corren de aquí para allá con cables, Productor (debe notarse), les dice algo a lo lejos. Se ve Rocky esperando en un monitor de retorno y a alguien que le da instrucciones desde el SET. Ingresan Felipe y dos mozos más con cajas, hablan con la guardia, enseñan un papel, guardia mira a Productor que asiente, los dejan pasar. Caminan mirando el estudio, Felipe mira el SET donde están los sillones e invitados siendo maquillados y sonríe para sí, como planeando algo. Guardia le indica que entren a un pasillo, los acompaña.

* 39. DÍA. INTERIOR DPTO. *

Ana = Felipe es un gran actor, pero es muy impulsivo, rebelde, idealista. Él tiene sueños enormes, aspira a grandes cosas y sin querer mete la pata una y otra vez. Pero es talentoso. Talentosísimo. Yo lo he visto actuar. Me consta. Y él quiere hacer televisión, pero nadie le da la oportunidad, no sé por qué.

Gaby = Y tus angustias porqué vienen.

Ana = Por él. Me angustio por él. Pobre Felipe, lo que debe sufrir.

Gaby = ¿Lo quieres todavía?

Ana triste suspirante mira a Gaby sin asentir, pero asintiendo. Gaby asiente comprendiendo.

* 40. DÍA. INTERIOR BAR FACULTAD MEDICINA U OTRO *

PC tele. Propagandas (sponsors). Mari y Yanina terminan de comer. PC a platos que Mari y Yanina limpian con el pan y lo comen al mismo tiempo.

Mari = ¿Y, ya estás mejor?

Yanina = ¡Acabo de comer, boluda, claro que estoy mejor!

Mari = Estás hablando muy agresiva últimamente.

Yanina = (Recordando) Ah, sí. Es la televisión; así se habla. Se te pega, se te pega.

Ambas miran el tele inicio de otro bloque de programa. V.Off eructo de Mari. Yanina la mira con asco.

Yanina = ¡Que te parió!

Mari = Se te pega, se te pega.

Yanina menea la cabeza desaprobando. Ambas miran el tele interesadas.

* 41. DÍA. INTERIOR SET TELEVISIVO *

Asistente levanta cartel "AIRE". Público aplaude.

Conductor = Segundo bloque de nuestro programa. ¿Comprobamos nuestros links?

Conductora = ¿Rocky, nos escucha; como está todo en exteriores?

* 42. DÍA. EXTERIOR PLAZA O PARQUE *

Rocky = Sí, los escucho. Por aquí todo muy bien. Una Señorita quiere mandar saludos y recitar un poema.

Conductor = (V. Off) Adelante, entonces.

Rocky = ¿Cuál es tu nombre?

Mabel = Mabel.

Rocky = Tu saludo.

Mabel = Quiero saludar en este día a todos los que me están escuchando y viendo y sobre todo a mi novio que está en la cárcel.

Rocky = Muy bien. Y tu poema.

Mabel = Mi poema es breve. Se titula "que sea por amor".

Rocky = Sigue.

Mabel = Claro que sigue, que sea por amor es el título.

* 43. DÍA. INTERIOR BAR FACULTAD MEDICINA U OTRO *

Rocky = Ya sé, yo quise decir que continuaras, que lo leyeras. No tenemos mucho tiempo.

Mabel = A mí me dijo aquel otro (señala), que lo leyera tranquila.

Mari y Yanina se miran sonriendo entre sí.

Rocky = (sonriendo falso) Bueno, dale, ¿para hoy o para mañana?

Mabel = ¿Y qué se yo para cuando; que hago, lo leo o no lo leo? (mira hacia todos lados buscando respuesta).

Mari = Quien será más estúpido, el payaso o la del poema.

Yanina = Yo creo que los dos, mirá. Que papelón, están en el aire. Eso no es televisión, es cualquier cosa.

* 44. DÍA. INTERIOR SET TELEVISIVO *

Felipe sirve a invitados en sillones una copa con bebidas y masitas. Cámara lo toma mientras en Off se oye poema. Felipe mira la cámara con picardía.

Mabel = Si alguna vez me mentiste para salir solo a beber con tus amigos o para hacer bardo, que sea por amor. Si alguna vez me pasaste con otra mina o nenita de la calle, pagada o no, que sea por amor...

Felipe mientras sirve, mira la cámara con picardía.

* 45. DÍA. INTERIOR BAR FACULTAD MEDICINA U OTRO *

* Suceder poema en Off, con fragmentos de tele, acciones y texto de actrices.

Mabel = (V.Off) Si me odiaste alguna vez por los cuernos que te puse con tu mejor amigo, que sea por amor. Si te masturbaste por mí en la cárcel después de matarlo a tiros a tu amigo, que sea por amor.

Mari = ¡Mirá, mirá, es Felipe! ¡Argghh; un teléfono, teléfono, hay que avisarle a Ana!

Yanina = ¡Acá, acá hay uno! (señala).

Mari = ¡Monedas, dame monedas! ¡Dale, dale!

Yanina = (Buscando rápido) ¡Ya voy, ya voy!

Mari arrebata unas cuantas que saca Yanina, corre al teléfono. PC al Tele.

* 46. DÍA. INTERIOR SET TELEVISIVO *

Felipe se acerca a cámara, llama la atención de todos, interrumpe el poema.

Mabel = Si alguna vez adviertes que te miro a los ojos y te escupo en la cara, sabe que también es por amor...

Felipe = ¡Disculpen! (fuerte silbido) ¡Disculpen!

Conductor = (A Conductora) ¿Y este quién es? (revisa guion).

Conductora = Debe ser contratado, quien más.

Conductor revisa su guion extrañado. Invitados no saben que pensar, camarógrafos y asistentes tampoco, todos miran a Productor, que revisa con guionistas los guiones del día desconcertados y apresurados. Camarógrafos se inquietan, Conductor no encuentra nada en su guion, pero hace señas que sí, que le den cámara a Felipe.

Mabel = Y si te pillo que me pasás con tu compañero de celda, te juro que voy a acostarme con tu hermana, con tu cuñada y con tu madre...

Felipe = ¿Pueden ya interrumpir esa basura! ¿Que no se cansan de oír estupideces todos los días!

Felipe da un fuerte silbido ininterrumpido y en distintos tonos.

Mabel = ... haga lo que yo haga, sabe que todo lo que hago es por amor. Todo lo que hago es por amor. Por ti y solo por ti.

Cámara se enciende, Felipe sale al aire en PC. Asistente incita al público que aplaude.

* 47. DÍA. INTERIOR DPTO. *

Ana corta teléfono, enciende el tele. Felipe está en el tele.

Ana = (Por Tel.) ¡En serio! (corta)

Gaby = Que pasa.

Ana = Felipe está en televisión (lo enciende)

Gaby = ¡Que! ¡Sí, sí, es Felipe!

Ana se tapa la boca con las manos.

Ana = Que está haciendo ahí.

* 47. DÍA. INTERIOR BAR FACULTAD MEDICINA U OTRO *

Mari se sienta sin poder creerlo y con Yanina miran expectantes.

Mari = ¡Hablá pavo, decí algo!

* 48. DÍA. INTERIOR SET TELEVISIVO *

Todos hacen silencio. Felipe mira la cámara sonriente y nervioso sin saber que decir.

* 49. DÍA. INTERIOR DPTO. *

Ana = Dale, hablá. Por favor, hablá. Hacé lo que sabés hacer.

* 50. DÍA. INTERIOR SET TELEVISIVO *

Silencio. Todos se miran. Felipe toma una inspiración y comienza con poema al tiempo que cámara toma invitados, conductores, Público, etc., a medida que Felipe cambia de tonos y expresiones.

* Atención a los detalles de cámara, ya que se pretende ensalzar actoralmente a Felipe.

Felipe = Vea que bien. Qué me importa el arte si no conozco la alegría. Qué me importa la ciencia si no entiendo cómo vivir bien. Qué me importa el amor si no puedo amarme. Qué me importa la crisis mundial si no puedo solventar mis gastos. Qué me importa la política si no soy parte de ninguna sociedad.

* 51. DÍA. INTERIOR DPTO. *

Ana y Gaby miran el tele emocionadas.

Ana = (ojos con lágrimas, murmurante) Felipe.

* 52. DÍA. INTERIOR BAR FACULTAD MEDICINA U OTRO *

Yanina y Mari miran el tele emocionadas, algo sonrientes.

Mari = ¡Dale, duro con ellos!

Yani = ¡Que actorazo!

* 53. DÍA. INTERIOR SET TELEVISIVO *

Qué me importa la vida si no aprendo a desarrollarme. Qué me importa la muerte si no hallo la manera de vivir. Qué me importa el trabajo si es nula mi ocupación. Qué me importa, qué me importa, ¿significa algo para usted? Ayúdeme. Soy egoísta, y quiero ser como usted, humano.

Silencio. Todos se miran. Público por propia voluntad comienza a aplaudir tímidamente.

* 54. DÍA. INTERIOR DPTO. *

Ana y Gaby se miran sonrientes. A Ana se le escapan unas lágrimas.

* 55. DÍA. INTERIOR BAR FACULTAD MEDICINA U OTRO *

Yanina y Mari miran el tele satisfechas.

Mari = ¡Ese es mi cuñado, carajo!

* 56. DÍA. INTERIOR SET TELEVISIVO *

Terminan tímidos aplausos. Resto desconcertados.

Felipe = Gracias. Mi nombre es Felipe. Soy actor. Y soy humano. Me gustaría preguntarles algo a los conductores. ¿Qué creen que hacen?

Conductores se miran, sonríen apenas sin saber por qué.

Felipe = Les pregunto ahora a los guionistas ¿Que hacen?

Libretistas se miran sabiendo de que se trata, bajan su cabeza.

Felipe = Les pregunto a los invitados ¿Que hacen?

Invitados más fríos lo miran sin importancia.

* 57. DÍA. INTERIOR DPTO. *

Ana y Gaby miran serias el tele.

Felipe = (V.Off) Les pregunto a los productores, les pregunto a ustedes...

* 58. DÍA. INTERIOR BAR FACULTAD MEDICINA U OTRO *

Mari y Yanina miran serias.

Felipe = (V. Off)... al público presente y a los televidentes, ¿qué hacen? ¿por qué apoyan estas estupideces!

* 59. DÍA. INTERIOR SET TELEVISIVO *

Productor da orden a Guardias que entran al Set a sacarlo. Conductores miran a Productor que les hace gestos desesperados que hablen o hagan algo.

Felipe = (Viéndolos llegar) Se acaba mi tiempo. Vean, esto no es televisión, es cualquier cosa. Nos insultan con esta basura. (Se resiste, lo llevan). ¡No vean estos programas, son pura basura! ¡Para los productores, la gente de la que tanto hablan son números nada más, ustedes no les importan! ¡Todo esto es basura, es todo basura!

Guardias llevan a Felipe por la fuerza. Asistente anima al público a aplaudir. Conductores sonríen y animan al público que aplaude gradualmente.

<u>* 60. DÍA. INTERIOR DPTO. *</u>

Ana se alista para salir, al igual que Gaby.

Ana = ¡Ay, no; se lo llevan preso! ¡Animales, alguien les dice la verdad y así le pagan!

<u>* 61. DÍA. INTERIOR BAR FACULTAD MEDICINA U OTRO *</u>

Conductor = ¡Un aplauso para Felipe!

Conductora = ¡Vamos, vamos! Queríamos sorprenderlos con una buena escena dramática y un buen argumento.

Yanina = ¡Pero dejá de mentir, estúpida; casi te measte encima!

Mari = (Apurando a Yanina) ¡Vamos, vamos!

Conductor = ¡Un muy fuerte aplauso para nuestro queridísimo actor!

Yanina = ¡Callate, infeliz; monigote!

Salen apuradas.

<u>* 62. DÍA. INTERIOR SET TELEVISIVO *</u>

Conductora = ¡Sí que hay talento en nuestro país, señores!

Conductor = ¡Más fuerte, le demos un más fuerte aplauso a Felipe así vuelve en nuestro próximo programa!

Felipe es llevado del lugar meneando la cabeza negativamente y con profundo pesar. Público ríe y aplaude. Bombos, papelitos, pitos, música, etc. Todo vuelve a la normalidad. PC a Productor que se alivia.

Conductora = ¡Y ya es hora, ya es hora!

Conductor = ¡Señoras y señores, preparen sus numeritos!

Conductora = ¡Vamos al sorteo del!...

Público = ¡0 kilóóómetrooo!

Público aplaude, Música, bombos, trompetas, papelitos, todos ríen y festejan muy alegres. PC Felipe meneando la cabeza y no pudiéndolo creer, mientras se acercan a él dos policías para detenerlo.

BLOQUE 3.

<u>* 63. DÍA. EXTERIOR SECCIONAL POLICÍA *</u>

Ingresan Mari, Yanina, Gaby y Ana mientras hablan entre ellas.

<u>* 64. DÍA. INTERIOR SECCIONAL POLICÍA *</u>

Felipe sentado en un banco esposado en las manos, espera amargado mirando el suelo. Policías entran y salen mientras otros hablan con Ana y Gaby en mostrador. Mari se acerca a Felipe.

Mari = Hola cuñado. Te vi en televisión. Que desastre (sonríe, codea, da ánimo).

Felipe sonríe triste.

Mari = Eh, cuando vas a ir a casa. (Tono secreto) Ana se muere porque vayas, pero no te lo va a decir.

Felipe sonríe triste. Mari acaricia su cabeza. Ana se acerca, Mari sale.

Mari = Te apoyo 100 por 100. No te vamos a dejar solo acá. Y bien hecho lo que hiciste, yo también lo haría si fuera valiente. Estamos acá, sabés.

Ana = (breve pausa) Como estás.

Felipe = Voy a perder el trabajo.

Felipe menea la cabeza arrepentido. Ana lo consuela.

Ana = Sos muy valiente, Felipe. Estoy de acuerdo con Mari, yo también te apoyo y haría lo mismo que vos si pudiera.

Felipe = De nada sirve, Ana. Esos animales van a seguir tanto como puedan. A ellos no les importa una mierda. Y a quién le importa, a nadie.

Ana = Felipe, hoy te vio mucha gente. Dijiste cosas serias. Algún cambio hiciste, estoy segura.

Policía se acerca con papeles en mano y espera a Felipe sin decir nada para que lo acompañe. Felipe se levanta, Ana lo abraza emocionada y brevemente, Felipe se aleja apenado con el policía por un pasillo. Mari, Yanina y Gaby se acercan a Ana y la consuelan.

Ana = (a Felipe que se aleja) Ya hablé con un profe mío que va a venir a sacarte. Esperá un poco. No nos vamos a ir. Vamos a estar acá. Todo el tiempo que sea.

Breve pausa, ya Felipe no está al a vista, Ana sigue mirando el pasillo, no aguanta más y llora en los brazos de Mari. Yanina y Gaby se emocionan y acompañan.

Ana = Que injusto que es. Que injusto es todo algunas veces.

Breve pausa. Yanina y Gaby escuchan el final del programa en tele encendido mientras otros policías van y vienen por el lugar. Miran el tele, desaprueban con pena.

Conductora = (V.Off) Alguien iba a bailar para ustedes al final del programa, ¿se acuerdan?

Público = (V.Off) ¡Síi!

Conductora = (En tele) Señor musicalizador... ¡música, por favor!

* 65. DÍA. INTERIOR SET TELEVISIVO *

Conductora = (Al público) ¡Con ustedes, nuestro queridísimo Conductor, un fuerte aplauso!

Público ríe a carcajadas, silban, aplauden, festejan y acompañan con palmas al igual que invitados y personal en Gral., al ver a Conductor vestido de mujer bailando stripe tease al ritmo de la música y mostrando su delicada tanga.

-*-

EXTRAS EN PROGRAMA TELEVISIVO
Conductor, Conductora, Andrea, Daniela y Rodrigo, Rocky.
EXTRAS

En Programa: tribuna, Asistentes, camarógrafos, sonidistas, Maquilladoras, Guardias de seguridad, Director, Productor, Policías (informativo Daniela y Rodrigo), Delincuentes (informativo), Científicos y Mono de traje (informativo), Periodistas, Empresario, jugadores de fútbol (informativo).

En plaza o parque: Sra. Gorda, asistente, niño y padre niños, Camarógrafo, modelos en auto 0 km. Sra., Srta., Mabel y Público Gral.

Otros: En Bar, Baño de Damas, Mozo en Bar, Mozos cocina trabajo Felipe. Policías en comisaría.

INTERIORES

Cocina trabajo Felipe

Set Televisivo

Bar Facultad Medicina u otro

Baños Damas Bar

Laboratorio (informativo Daniela y Rodrigo)

Salón (informativo Daniela y Rodrigo)

Seccional policía

EXTERIORES

Plaza o Parque (Rocky)

Calles ciudad (Informativo de Daniela y Rodrigo)

Callejón (Informativo de Daniela y Rodrigo)

Inmediaciones terminal (Informativo de Daniela y Rodrigo)

Seccional de policía

* El autor lamenta obviar una inmensa cantidad de detalles, por lo que sugiere colaboración entre actores y técnicos en creación colectiva.

Transmedia

Redes sociales, página Web y canal de videos. ¿Puedo autoproducir por estos medios? Depende de lo que uno quiera hacer. Si su idea es escribir un guion para ofrecerlo a productoras ya formadas, el capítulo siguiente está dedicado a ello. Por otro lado, si su interés está inclinado a la autoproducción, para eso también hay opciones.

Las superproductoras no nacieron grandes, fueron creadas en algún momento. Yo mismo he visto de cerca cómo se inició una de ellas con una sola locación, micrófono y cámara, nada más; por supuesto, fue hace mucho tiempo, y la tecnología ha cambiado desde ese entonces. Recuerdo también el Boom, de los productores más avispados. Si utiliza un buscador, suele ser el doctor Google, o Bing, ya tocaré el tema sobre estos motores de búsqueda, sus inteligencias artificiales, y sobre cómo pueden ser de gran ayuda, busque la serie de TV «Cheers», casi completamente desarrollaba en su totalidad en un bar, donde interactuaban diferentes personajes, desde los camareros a los habituales del pub, y donde en cada capítulo se ingerían litros de cerveza; buen Sponsor de la serie, ¿no le parece? Hay muchas otras, quién no escuchó sobre «Friends», puede buscarla en la red, y al igual que la anterior, hasta ver un par de capítulos para que se haga una idea de que se puede producir prácticamente con nada de recursos.

Hoy en día, las plataformas de video ocuparon ese lugar, de las producciones simples, donde con pocos «Auspiciantes», se puede iniciar. Hay canales de cocina, de Videojuegos, Viajes, Tecnología, Música y Baile, de Misterio, Humor, Cine y Series de TV, de Moda, Educación, Deportes, Literatura, de lo que se le ocurra, canales muy variados; les nombro unos pocos, búsquelos así: «@HolaSoyGerman», «@capusotto», «@alanxelmundo», «@misiasperoviajeras». Preste atención al último mencionado, las chicas viajan, tienen Sponsors de primera marca que costea su empresa. Ascendamos un poco por la escalera, busque lo siguiente: «@TlnovelasOficial», esta ya es una productora que pagó derechos de piso, y esta última, hasta realiza entrevistas «@TLMDnovelas». Quiero hacer hincapié sobre los casos reales, de consumo masivo. Búsquelo así: «@casosreales», «@BasadoenHechosReales», «@mrdetectiveytube», «@troviprelatos«, aquí, otro canal más: «YouTube falsos casos reales».

También existen canales de perritos, gatitos, videos divertidos, para nada desmerecedores, producen endorfinas saludables y son de alto consumo, como los religiosos o historias de fe: «@ComoVivirPorFe»

Lo que pretendo demostrar, es que es posible la autoproducción en varios niveles. En el capítulo próximo, luego de otra muestra sobre cómo armar un guion de tv, le quedará completo el proyecto, también sobre cómo debe presentarlo tanto a una productora local, o para buscar sponsors por cuenta propia y lanzarse a las plataformas. Dicho sea de paso, seguro que ya lo sabe al ver tantos anuncios, su canal de los videos se pueden monetizar, búsquelo así, hay muchos tutoriales sobre cómo hacerlo: «Como monetizar un canal de youtube».

Para cerrar el tema de transmedia, le comentaré algo personal. Si bien ellas están ligadas a la autoproducción, es una pérdida de tiempo si no produce antes. En otras palabras, produzca primero, las redes sociales van después. Le comento brevemente mi experiencia. Soy escritor, guionista, me dedico más a lo primero, o dedicaba, estoy prácticamente jubilado. Ya sé que hay especialistas en Marketing para redes que pueden estar en desacuerdo con lo que digo, pero me parecen de poca utilidad. En mi caso, encontré que ser visible me da ventas sin dedicarle tanto tiempo a las publicaciones constantes, donde los usuarios hacen comentarios, hay que responder y colocar una foto con cara feliz regularmente, igual en Insta, uno comienza a obsesionarse con sus seguidores, y de Twit, ni hablar, su dinamismo es tal, que al menos uno tiene que hacer de 3 a 5 publicaciones diarias, una esclavitud total. Definitivamente las redes sociales no son lo mío. En ocasiones, ya he comentado este tema en otro de mis libros, me ocurría que quedaba pegado al teléfono por días enteros y ya no escribía, tampoco vendía, cometí ese error de dedicarle demasiado tiempo para nada. Pero, si su habilidad son las redes sociales, sáquele provecho.

Como escritor, le animo a que abra bien sus ojos y oídos, y esté atento a desarrollar tus propias habilidades o Fortalezas para producir. Por ejemplo, si su habilidad son los micro cuentos, escriba sobre micro cuentos y no una novela histórica de costosa realización. Si le gustan los asesinos en serie, que lleva mucha investigación policial, si es lo suyo, haga lo que le guste y vaya para allá.

Comento ahora, una estrategia propia de asociación con otros productores de contenido, y fallida. Hace unos años me interesó la supervivencia. Miré videos, y me suscribí a esos canales para no perderlos de vista. Buscando, curioseando, di de frente con el preparacionismo, los llamados Preppers. Indagué un poco más. Me contacté con algunos de ellos vía email, a quienes anuncié que había visto sus videos y que estaba terminando de escribir un libro de esa temática, con un contexto apropiado y una historia donde los personajes pueden desarrollar esas habilidades. Contestaron, no todos ellos, pero fueron varios, solicitaron que cuando sea publicado el libro se lo hiciese saber. Uno dijo que lo anunciaría en su canal, otro que lo leería, una tercera persona que estaba encantada de haber sido mi inspiración de alguna manera. Perfecto, pensé, les ofreceré el libro gratis para que lo lean y lo comenten entre sus suscriptores; hasta era posible conseguir Sponsors para producirse el film, ya que las locaciones eran agrestes, a campo abierto, y los actores, mayormente bolos; es decir, extras; por supuesto, había que adaptar el libro de acuerdo al dinero disponible.

Meses después, les informé que ya estaba publicado el libro y gratuitamente, para que lo comenten con sus seguidores en sus canales y, tal vez, intentar hacer una producción cooperativa entre los suscriptores, o buscar sponsors externos. (Abro un pequeño paréntesis aquí, las producciones cooperativas existen, donde «Los Inversores», obtienen su parte; vea el siguiente ejemplo, ya desarrollado, es a alto nivel, pero solo para que vea las posibilidades, busque lo siguiente: «orsai.org»).

Continuando con el tema, no sé qué ocurrió después. Meses más adelante, uno de ellos asegura que no leyó a tiempo mi correo porque estaba en su carpeta de Spam. Y NADIE MÁS CONTESTÓ. Solo uno. Me pareció extraño. Tal vez no les gustó el video promocional que puse en mi Tube, pensé; tal vez no les gustaron las primeras páginas del libro. Tal vez no querían liarse con un escritor, o les molestó que se los ofreciera gratis. No sé qué ocurrió. Las técnicas de supervivencia que ellos mismos describen en sus videos son excelentes, y fueron puestas en escena en el libro, y si se realizaba una película del mismo, quedábamos todos bien parados, además de sus canales. Igualmente, ese libro se vende, también en versión audiolibro, más su secuela. Pero, ¿se imaginas lo que habría sido si lo comentaban entre los suyos? ¡Un golazo! ¡Para ambos! La estrategia de promoción es buena. Hay pocos libros de esa temática, y yo tengo dos.

Ya finalizando, señalo que las técnicas comerciales pueden fallar. Igualmente tenga en cuenta sus gustos personales e intuiciones, hay un diamante escondido ahí.

PROYECTO COMPLETO

CÓMO PRESENTARLO A UNA PRODUCTORA O DESARROLLARLO USTED MISMO

¿Qué necesita?

Un argumento. Duración de cada capítulo, 24 min. 48 min. Son los estándares de televisión. A quienes está dirigido (mercado, jóvenes, adolescentes, adultos).

Sponsors. Quienes van a apoyar económicamente el proyecto. Siempre es conveniente tener algún comercio a cambio de publicidad en los títulos, o incluso dentro de los capítulos.

Desarrollo ejecutivo. Quienes hacen la producción. Datos personales de los técnicos o equipo humano, detalles de lugares físicos de filmación y equipamiento de la productora.

Escenografías. Detallarlas capítulo por capítulo, ya sean interiores o exteriores, que pueden ser fijas, que se usan siempre, o eventuales, de vez en cuando, lo que es ideal para sponsors, como bares públicos, restaurantes, hoteles, etc.

Sinopsis. Es la descripción respecto a los personajes. Su psicología, apariencia, edad, temperamento, habilidades, incluso de los personajes secundarios de importancia, quienes son, de donde vienen. Relaciones entre protagonistas, por supuesto.

Story line. Es la línea histórica de cada capítulo, de qué trata, y aquí hay opiniones divididas sobre qué contenidos presentar a las productoras, en lo personal, sugiero que incluya algo de Spoilers, adelantos de en qué terminan, al menos, en algunos capítulos.

A continuación, un ejemplo concreto de 3 capítulos, de una serie de Tv real, y así presentada a la Universidad Nacional y aprobada por la Agencia de Cultura. Recuerde nuestro hilo anterior: nótese que se trata de un proyecto viejo (bien podría tratarse de una novela o serie histórica hoy en día). También tenga en claro que se utiliza lenguaje local, se escribe como se habla; adapte a su región, y no se preocupe demasiado por la puntuación ni la gramática, a los actores y personal técnico no les importa; pero tampoco exagere, ¿vale?

Es importante que sepa leer un guión, como describir locaciones, hacer una sinopsis y storyline, de esta manera podrá darse una idea concreta del proyecto en su conjunto, y de como realizarlo.

Generales

Argumento: Novela estudiantil de 6 protagonistas principales que comparten distintos grupos de amigos, placeres, desacuerdos y puntos de vista sobre la realidad estudiantil y vida de los jóvenes. Capítulos con al menos dos historias distintas y entrecruzadas.

Duración: Cada guion es de 24 min. Libro 1, 12 capítulos.

Target: Estudiantes secundarios, terciarios, universitarios, y familia en general, de entre 15 y 40 años.

Sponsors: A incorporar dentro de escenografías. Empresas cordobesas, imágenes de la ciudad, carreras universitarias y publicidades turísticas.

Participación activa: UNC

- Solicitar un director universitario de arte y estudiantes de TEATRO como apoyo, entre los profesionales a contratar.

- Solicitar permisos de filmación dentro y fuera de universidades públicas.

- Solicitar apoyo económico inicial de la Provincia para salida al aire semanal durante 3 primeros meses, 12 capítulos.

- Solicitar apoyo de empresas cordobesas como sponsors.

- Córdoba Cultura, se hará cargo de los insumos.

ESCENOGRAFÍAS

INTERIORES FIJAS

Dpto. de Lora, Ana y Mari

Dpto. de Nancy / Franco

Dpto. de Chelo y Laurita

Oficina de trabajo (principal y 2 secundarias; una de jefe, otra de Lora)

Gimnasio

Casa de abuela cocina

Casa de abuela habitación

INTERIORES EVENTUALES

Habitación de pensión

Habitación de Ana y Mari.

Habitación de Laurita

Habitación de Franco

Cocina de Franco

Bar-comedor (puede ser exterior algún Shopping)

Casa de Gaby salón, cocina y jardín (tipo balcón)

EXTERIORES FIJAS

Edificio de Lora (exterior, pasillos y terraza)

Facultad de Derecho (exterior e interior)

Facultad de Medicina (exterior e interior)

Facultad de Arquitectura (exterior e interior)

Facultad de Odontología (exterior e interior)

Ciudad Universitaria (exterior)

EXTERIORES EVENTUALES

Terminal de ómnibus

Imágenes de la ciudad en Gral., plazas y parques.

Aeropuerto

SINOPSIS
PROTAGONISTAS PRINCIPALES

Ana y Mari = Hermanas. Tonada del sur, tipo Santa Fe. Comparten departamento con Lora.

Ana = Cursa 4to. Año de Derecho. Es hermana menor a cargo de la mayor. Responsable de más, estudiosa, centrada, pero leche hervida. Cuida de su hermana, a veces sobreprotegiéndola de manera autoritaria y otras veces apañándola de la mejor manera, pero sin dejarla crecer. Es de ánimo cambiante y mano dura hasta con ella misma.

Mari = Cursa 4to. Año de Medicina con una larga lista de materias de años anteriores. Es totalmente irresponsable. Graciosa, ocurrente. Sensible e inmadura. Algo gordita. Risueña, de corazón grande; aniñada, caprichosa, de mucho gusto por la comida, el parloteo, la televisión, el descanso y los chismes.

***

Lora = Tonada Local. Chica de ciudad. Comparte departamento con Ana y Mari.

Cursa 5to. año de Arquitectura. Es amable, paciente, decidida, responsable, segura y mesurada. Trabaja primeramente en la oficina de su madre, luego en una consultora. Es bastante alta, observadora, laboriosa e inteligente, aunque su punto débil es el amor, que no lo comprende, la desestabiliza, desconcierta, inhibe, la paraliza o la impulsa con reacciones de más, felizmente bien comprendidas.

***

Nancy = Vecina de piso de Lora. Tonada del Sur, tipo Santa Fe.

Cursa 3 año de Derecho. Es hipersensible e idealista. Su papel en la serie es muy significativo, al tener ella una visión muy diferente de lo que es el mundo y al sufrir enormemente la perdida reciente de su madre, los reclamos de su padre por mal desempeño en los estudios y sentirse aprisionada, ignorada, sin salida, totalmente incomprendida por todos los que la rodean, de allí su aguda depresión y sufrimiento, al vivir en un mundo que no conoce.

***

Chelo y Laurita = Hermanos naturistas. Vecinos de abajo de Lora. Tonada Riojana.

Chelo = Estudia medicina, 4to. año. Chico común. Honesto, desinteresado, algo nervioso, impaciente, impulsivo, idealista, de gustos simples. Buen amigo de su hermana y de todos en general. Tiene un corto noviazgo con Nancy, que lo vive locamente, sin comprender nada de lo que sucede hasta mucho tiempo después. Es amorosísimo con ella, dulce, vanamente apasionado.

Laurita = Hermana menor superinteligente. Siempre tiene razón. Cursa 4 o 5 año del secundario. Es aplicada a lo que hace, silenciosa, amable, de humor estable. Es cariñosa, paciente, pensante, bien madura para su edad. Un detalle interesante, es que deduce sucesos, los prevé o los siente, es imposible engañarla u ocultarle secretos.

***

Gaby = Narcisa con tonada Santiagueña. La típica princesa. Es compañera de Ana. Cursa 4to. Año de Derecho. Es hiperfemenina pero algo anticuada, orgullosa, moralista, complicada, dramática en las pequeñeces, enamorada de sí misma, testaruda y caprichosa, hasta que alguien la hace conocer los gustos simples y finalmente logra conocerse a sí misma.

Franco = Tonada de San Juan. Cursa 4to. Año odontología. Es amable, paciente, de buen humor, noble, algo misterioso, con mucha energía bien administrada y vida interior, cualidades que lo hacen especialmente agradable y atrayente.

Julieta = Tonada del Sur tipo Santa fe. Amiga de la escuela Primaria de Ana, a quien aprecia mucho. Es amable, simple, sufrida, sin estudio, a punto de ser mamá soltera mientras trabaja en casa de familia.

***

PROTAGONISTAS SECUNDARIOS

Madre de Lora = Light. Moderna, súper segura. Con un inmejorable estado físico y mental. Es titular de una empresa que maneja con buen criterio y excelencia.

Jefe de Lora = 40 años, delgado, apenas con un toque afeminado.

Secretarias compañeras de oficina de Lora = La secretarias en la empresa de la madre, son agradables, no así las del nuevo trabajo, que son unas arañas, chismosas, estúpidas, atentas a alguna falla de Lora para hacerle algún daño o alegrarse, al menos al principio mientras la conocen, por las dudas.

_-*-_

Familia de Chelo y Laurita

<u>Madre</u> = Tonada local. Complicada, impulsiva, cambiante, dominante, tan agresiva como dócil; inmadura, caprichosa, retobada, locaza en todos los buenos términos, con profundos sentimientos por el tango.

<u>Padre</u> = Tonada Riojana. Moreno, fornido, maduro, de buen humor, consiente, equilibrado. Hombre de Gimnasio. Naturista.

<u>Abuela</u> = Tonada local. Abuela de ciudad. Simpática. Agradable.

<u>Amigo de Padre</u> = Tonada porteña. Similar al Padre, pero con barba.

_-*-_

Familia de Nancy

<u>Madre</u> = Tonada del sur. Agradable, buena amiga de su hija.

<u>Padre</u> = Médico. Tonada del sur, tipo Santa Fe. Algo severo, tradicionalista, estructurado, orgulloso, de buena familia y cultura que trata de imponer.

- * -

Yanina = Tonada local. Compañera de Mari y similar a ella, pero bien delgada. Simpática, soñadora, con dientes fuertes algo sobresalientes y/o aparato dental. De risa muy particular. Poco común.

- * -

Karina y Marido = Tonada de San Juan. Parientes de Franco.

    Karina = Amorosísima. Gentil, Dulce.

    Marido = Cabeza rapada. Algo gordito. Tiene muchas expresiones faciales y corporales, es muy gracioso, prácticamente un mono.

- * -

Exnovio de Gaby = Tonada Santiagueña. Súper pedante. Vanidoso. Peinado a gomina. Actor que representa mal actor mientras finge ser lo que no es, hasta que Gaby lo hace cambiar. Exnovio por amor a ella hace cualquier cosa.

- * -

OTROS PROTAGONISTAS SECUNDARIOS

Xime, Ivan, Virginia, Eugenia = Compañeros de Laurita. Chicos con clase. Con clase de ser muy comunes. Único detalle, son rockeritos de Aeroesmith.

Mélani = Prima narcisa de Gaby muy llorona que cree que el mundo se cae de un soplido.

-*-

RELACIONES ENTRE LOS PROTAGONISTAS PRINCIPALES

Ana y Mari

Mari es mayor que Ana por uno o dos años, pero muy inmadura, chiquilina. Ana es la responsable directa de Mari, o al menos eso cree ella, por eso la trata como menor, y hasta a veces la gobierna con autoritarismo, o en su opuesto, la apaña de la peor manera, no dejándola madurar.

Mari, la mayoría de las veces, para todo problema tiene dos soluciones. O hace bromas y convence a su hermana haciéndole olvidar el enojo, o se larga a llorar y se comporta como nena haciéndola sentir culpable y le toca el corazón.

Ana y Mari son buenas hermanas. Se quieren mucho y más allá de los defectos de cada una, tratan de comprenderse.

Lora y su Madre

Lora es bastante seria, responsable, equilibrada. Su madre un tanto moderna para su gusto, ya que prácticamente se tratan como iguales, aunque Lora no suele encontrar explicaciones para ciertos actos de su madre, que tiene bien en claro lo que hace, a veces recurre a ella en busca de apoyo frente a algún problema que no pueda solucionar.

La madre de Lora es la Madre ideal. Enseña, pero no hace el trabajo de otro. Comprende, pero no apaña. Ayuda en los conflictos, pero no toma decisiones que no le corresponden. Tal vez su característica más importante, es que da completa libertad a su hija en sus acciones, y hasta la impulsa a desarrollarse más allá de los errores que ésta pueda cometer. Incomprensible a veces, pero para Lora, que es prácticamente autosuficiente, ella es su madre ideal.

Nancy y su Padre

Nancy vive en un mundo que no comprende. Ella es idealista, enamorada del amor, del sol, la luna y las estrellas. Su padre es el típico médico tradicionalista. El buen nombre, la buena familia, los éxitos en la profesión son importantes para él, e intenta trasladar estas metas supuestamente elevadas a su hija, que no solo se niega rotundamente a captarlas como modo de vida, sino que no comprende la inhumanidad de la gente, no concibe correctamente el mundo material y se frustra por eso.

Ambos vienen de una pérdida reciente muy significativa en sus vidas. La muerte de la madre de Nancy los afectó en gran manera, y terminó por romper la poca comunicación que tenían, o más bien el intento de comprender cada uno el lenguaje diferente del otro y sus ideales, dando así, rienda suelta a la más dramática de las soluciones. El suicido de Nancy.

Nancy y Chelo

O más bien Chelo y Nancy. El no comprende de Nancy nada. Él vive una especie de metejón furioso con ella, solo le importa besarla, abrazarla y estar con ella en cualquier forma. Nancy es muy profunda en algunos ideales que Chelo en su fantasía no descubre hasta mucho tiempo más adelante, donde une cabos sueltos y comprende finalmente su propia vida.

Chelo y Padre de Nancy

Lo único que tienen en común es Nancy. Ellos casi ni se conocen ni se conocerán. Llegado el momento se consolarán uno al otro con las mejores humanas intenciones, pero nada más en especial.

Chelo y Laurita

Laurita es bastante madura para su edad. Siempre está al rescate emocional de su hermano mayor, que poco a poco gracias a esa tan buena comunicación, a veces sin palabras que tienen entre ellos, además de hacer valederas sus vidas, son el orgullo de sus padres. Inicialmente Chelo no comprende ni su propia vida, más al final, gracias a la ayuda de su hermana, puede éste trasmitirle sus pocas experiencias.

Padre y Madre de Chelo y Laurita

Padre de Chelo es un hombre fornido, de descendencia india, muy naturista y dueño de un gimnasio. Es el tipo de hombre que muchas mujeres buscarían de sostén, aunque por su personalidad tan medida y sabia en experiencias, no permite abusos de nadie, ni siquiera de su esposa algo juvenil y retobada, que al volver de un viaje de aventuras, por fin asienta su cabeza donde debe estar y ambos logran ponerse de acuerdo para unificar la familia.

Padre de Chelo y Laurita y Amigo

Son amigos y socios. Se llevan muy bien. Ambos son maduros y se parecen. De inmejorable humor.

Lora y Franco

Lora y Franco están perdidamente enamorados uno del otro, y ambos lo saben desde un principio, pero ninguno se anima a dar el primer paso, hasta que finalmente tras tantos frustrados intentos, Lora en un ataque de celos toma valor y lo enviste sin darle tiempo para pensar en nada ni en nadie más. En adelante, Lora y Franco son un solo amor.

Mari y Yanina

Una es el reflejo de la otra. Hablar de Mari es hablar de Yanina. Ellas son desvergonzadamente chiquilinas, indisciplinadas, de buen gusto por perder el tiempo y hablar de la farándula y chismes de mujer. Tienen todos los defectos y a la vez la más grande de las virtudes, un corazón amplio y disponible para quien quiera hacer uso de él. Si le piden algún alfajor, factura o revista, tal vez lo nieguen, pero si les piden un favor de amistad, seguramente entregarán hasta sus cabezas.

Gaby y Exnovio

Ambos son de familias distinguidas. Viven temporalmente un siglo atrasados, donde todo era mi abrumadora personalidad, gracias a mí, es por mi afortunada intervención, todos me aman, somos perfectos, hasta que se dan cuenta que el mundo cambio hace ya mucho tiempo, y el buzón que sus tradicionales parientes les vendieron nadie los quiere y deciden cambiar su vida juntos, sin tonos novelescos, como gente común. Finalmente se comprometen para casarse el año entrante. Algo antiguos todavía, pero bastante mejor que al principio.

Gaby y sus familiares

Gran dilema. Por parte de madre, son australianos en su mayoría o descendientes de éstos, y por parte de padre son campesinos del norte argentino. Gaby solo tiene a sus tíos australianos y a un abuelo campechano cercanos. Sus padres murieron desde muy jóvenes, por eso Gaby tiene la mezcla de narcisos ex-acaudalados y de simpleza de campo. Finalmente, pese a las discusiones de sus parientes, ella opta por la simpleza.

Ana y Julieta

Amigas de la escuela primaria. Al encontrarse mucho tiempo después, ambas maximizan su vida privada para no ser menos delante de la otra, pero al descubrirse casi por casualidad la verdad de Julieta, Ana se solidariza tanto con ella, que la apoyará en lo que sea y donde sea, y Julieta por otra parte, jamás romperá esa amistad. Aún en el futuro.

Laurita y Compañeros

Laurita y sus amigos de la secundaria no son para nada diferentes de otros chicos. Estudian juntos, pelean por tonteras y se apoyan hasta en lo más mínimo. Podría decirse que son comunes. Rockeritos de Aeroesmith.

Lora y su jefe

Lorena es amante de la observación. Su jefe no es amante de mujeres. Ese es el secreto de ambos, que lo guardan en su relación laboral y amistosa al cesar sus obligaciones. Tiene la costumbre de almorzar juntos y tratarse con el mayor de los respetos como dos verdaderos amigos.

Lora y Compañeras de Trabajo

Las arañas que Lora tiene como compañeras de trabajo son indispensables para su jefe, al ser éstas maestras en lo que hacen, aunque al principio malditas para con Lora, al creer éstas que ella está poniéndose de novia con el jefe por ser más joven y talentosa. En el paso del tiempo, Lora se dará cuenta que las arañas no son tan ponzoñosas como cree y éstas que Lora no es tan engreída como parece.

-*-

STORY LINE

CAPS. 1 A 3

* Cada capítulo es unitario de 24 min.; contienen entre 2 y 4 historias diferentes y entrecruzadas (a, b, c y d).

Cap. 1. Mi loco Amor

a) Ana y Mari, dos hermanas estudiantes que viven en una pensión, buscan compartir un departamento en un lugar más adecuado y con mayores comodidades, mientras que la interesada en compartirlo Lorena, o Lora, como le dicen sus amigas, también estudiante, se encuentra con varias opciones, tanto graciosas como decepcionantes antes de decidirse.

b) Los problemas familiares de Nancy, una estudiante de medicina con su padre, hacen que ésta considere seriamente el suicidio, debido a sus fracasos personales y a la pérdida reciente de alguien muy querido, mientras dos vecinos Chelo y Laurita, tratan de rescatarla de su dramática e inmodificable decisión.

Cap. 2. Tres días de novios

a) Ana y Mari se mudan a su nuevo departamento. Viven una mañana feliz, compartiendo experiencias y opiniones personales, hasta que llega Gaby, una nueva compañera de estudio de Ana y se acaba al mañana feliz.

b) Para Lora, estudiar y trabajar es un sacrificio y un riesgo. Sobre todo si la empleadora es su jefa y madre a la vez, quien sin causa aparente desconcierta a su hija frente a su inconcebible despido.

c) Un corto noviazgo entre vecinos, Chelo y Nancy, da lugar a recuerdos y desentendidos con el padre de la ex-novia por la reciente muerte de ésta; la misma deja en la memoria de ambos las experiencias suficientes como para que finalmente comprendan la situación y ciertas causas de la vida.

Cap. 3. Secretos de familia

a) La responsabilidad, el deber y la conducta frente al estudio, son las características principales de una estudiante adecuada como Ana, que sin querer hiere el corazón no tan disciplinado e inmaduro de su hermana Mari, que siente celos por creer no ser su amiga preferida y levanta voces para llamar la atención.

b) Un nuevo trabajo, una entrevista laboral, con situaciones agradables y tensas, son las nuevas experiencias de Lora, que busca ampliar nuevos horizontes. Aunque no sabe muy bien que pensar de su empleador.

c) El reencuentro de un hombre con sus hijos luego de un pasado turbio, pone a prueba la lealtad a la verdad y el amor a la familia por parte de dos hermanos como Chelo y Laurita con opiniones divididas respecto a los secretos de su padre.

CAPÍTULO 1
MI LOCO AMOR

BLOQUE 1

<u>* 1. DÍA. INTERIOR. HABITACIÓN DE PENSIÓN *</u>

Paneo a una habitación de pensión. En una repisa hay fotos de Ana y Mari muy sonrientes en distintos lugares, Parque Sarmiento, Shopping, entrada en Facultad de Derecho con compañeras de estudio de Ana, Facultad de Medicina con compañeras de Mari, etc., se ve también frente a ella un TV encendido sin sonido (sponsor) y muchos papeles y carpetas sobre la mesa. Ana toma un mate mientras lee un diario (sponsor) con birome en mano.

Ana = Bajas expensas, impuestos incluidos, a pocas cuadras ciudad universitaria, garantía propietaria y dos recibos de sueldo...

<u>* 2. DÍA. INTERIOR ÓMNIBUS EN MOVIMIENTO *</u>

Nancy, que mira como ida con ceño fruncido por la ventanilla hacia afuera; tiene un diario personal en sus manos cerrado, que aprieta fuertemente.

Mari, ubicada algunos asientos más atrás, también del lado de la ventanilla, escucha música en un walkman mientras sacude su cabeza.

(off, música por auriculares).

Cámara se acerca a la ventanilla del ómnibus, puede verse en el exterior la ciudad o arco Cba.

<u>* 3. DÍA. EXTERIOR. CIUDAD O ARCO CBA. *</u>

Cámara toma desde el exterior hacia el ómnibus (sponsor), puede verse a Nancy y Mari por la ventanilla.

(Ruidos comunes de exterior. Continúa OFF música del wolkman de Mari, pero normal, no de auriculares).

<u>* 4. DÍA. EDIFICIO. EXTERIOR DEPARTAMENTO *</u>

Lora sube las escaleras de su edificio con bolsa de compras en mano (sponsor).

En el primer piso, se cruza con Chelo que viene bajando con carpetas y guardapolvo blanco; éste trata de asustar a Lora para hacerle una broma. Se saludan.

Lora, tararea la misma canción del wolkman de Mari.

Chelo = ¡BÚUU!

Lora = ¡Ay! ¡pero qué hacés Chelo, siempre igual vos, eh!

Chelo = No te enojés mamucha. Como estás, tanto tiempo.

Lora = Bien, bien. ¿Y tu hermana? Hace días que no la veo.

Chelo = No estaba. La eché por unos días a casa de la abuela.

Lora = Sí, seguro. Echarla vos a Laurita. Callate.

Chelo = ¿Conseguiste compañera ya?

Lora = Estoy en eso.

Chelo = Saludá a Nancy cuando la veas... (suspira) mi loco amor.

Lora = ¿Y por qué no arreglan de una vez y dejan de pelearse como perros y gatos?

Chelo = ¡No, para que, vive frustrada ésa! Dejala mejor. Portate bien (baja las escaleras).

Lora = Sí, vos también. ¡Y dejá de asustar gente que algún día te va a salir mal la broma!

Chelo = Chau, chau.

Lora = (para sí mientras sube) ¿Quien entiende a los hombres hoy en día? Mi loco amor; es una frustrada; mejor dejala... ¡BUUU! Que infantiles.

* 5. DÍA. INTERIOR ÓMNIBUS *

PP a las manos de Nancy apretando fuertemente su diario personal (cerrado). Está muy ensimismada en sus pensamientos, recordando malos momentos.

* 6. NOCHE. INTERIOR DE CASA DE NANCY *

Nancy discute acaloradamente con su padre mientras hace su bolso para irse de la casa.

Padre = ¡Caradura! ¡Me sacás la plata, me exprimís como un parásito!

Nancy = ¡Sí, no rendí ninguna materia, y qué!

Padre = ¿Cómo y qué! Soy yo quien te está manteniendo. Yo pago el departamento, los impuestos, la tarjeta, todo. ¿Y vos me decís y qué!

Nancy = ¡Y no me banqués más entonces!

Padre = (indignado) Te desconozco. No parecés hija mía.

* 7. DÍA. INTERIOR ÓMNIBUS *

Nancy niega con la cabeza sus pensamientos mientras se le escapan algunas lágrimas involuntariamente, trata de contenerse y disimular.

Unos asientos más atrás, Mari continúa escuchando música en su wolkman mientras mira hacia afuera moviendo la cabeza.

* 8. DÍA. INTERIOR HABITACIÓN DE PENSIÓN *

PAN alrededor de Ana; frente a ella un TV encendido sin sonido, muchos papeles y carpetas en la mesa donde Ana continúa leyendo el diario.

Ana = Alta Córdoba, a estrenar, 1 ambiente amplio, sin garantía propietaria. Balcón externo. (Sorprendida) ¿sin agua caliente!

* 9. DÍA. INTERIOR DEPARTAMENTO DE LORA *

Mientras Lora ordena algunas cosas, suena el portero. Atiende.

Lora = ¿Sí?

* 10. DÍA. EXTERIOR EDIFICIO DE LORA *

Desde un perfil, invitada1 habla a través del portero.

Invitada1 = Hola. Vengo por el aviso del diario.

Lora = (V.off a través del portero) Sí, pasá. Subí las escaleras. Te espero en la puerta.

Off chicharra de la puerta. Invitada1 ingresa, sube las escaleras.

* 11. DÍA. EXTERIOR TERMINAL DE ÓMNIBUS *

Continúa la música del wolkman de Mari; no de auriculares, normal.

El ómnibus (sponsor) se estaciona en plataforma. Mari es la tercera o cuarta en bajar con un bolsito de mano, ingresa a la terminal muy alegre, casi corriendo. Desciende Nancy, cabizbaja, angustiada; se dirige a la puerta de ingreso muy desanimada.

* 12. DÍA. INTERIOR DEPARTAMENTO DE LORA *

Lora termina de ordenar algunas cosas rápidamente. Abre la puerta. Cámara toma desde adentro hacia afuera. Invitada1 ingresa mirando disimuladamente el ambiente, Lora la saluda con un beso, se presenta, la invita a sentarse en un sillón.

Invitada1 = Hola. Yo soy la del aviso.

Lora = Hola. Como estás. Pasá, por favor. Yo soy Lorena. Disculpá el desorden. Mi compañera se recibió hace poco y se mudó, así es que me quedé sola de nuevo. Tomá asiento por favor. ¿Querés algo, un té, un café, un jugo, agua o algo?

Invitada1 = No gracias. Me gustaría hablar directamente sobre el alquiler. ¿Todo es a medias, incluso el teléfono, todo?; ¿los impuestos también?

Lora queda algo boquiabierta, desconcertada, desilusionada, como no esperando una persona así. Inspira, toma aliento, sonríe, se sienta a explicarle.

* 13. DÍA. INTERIOR HABITACIÓN DE PENSIÓN *

Ana continúa leyendo el diario. Le interesa el aviso, lo apunta en una carpeta, donde se ven otras anotaciones anteriores.

Ana = Departamento 2 dormitorios, cocina, baño, a compartir con chica estudiante, buena onda, a pocas cuadras del centro, súper económico, gas, teléfono, televisión por cable...

Mari trata de ingresar a la habitación abriendo la puerta y encuentra el pasador puesto. Ana se asusta. Mari la intima a abrir desde el otro lado.

Ana = ¡Ay, mi Dios!

Mari (V.Off) = ¿Pero qué hace el pasador puesto! ¡Ana! ¡Ana, abrí, che! Soy yo. Sacá esa cadena.

Ana = ¡Ay, Mari, que susto me diste Bobasa!

Mari (V.Off) = Dale, sacá esa cadena loca, que vengo recansada y muerta de hambre.

Ana, abre muy disgustada. Ingresa Mari haciendo bromas, tira el bolso de mano sobre una cama, y muy cariñosa abraza a Ana torpemente y la aprieta.

Ana = ¡No podés avisar siquiera cuando vas a llegar! ¡No ves que estoy sola!

Mari = Ay, pobrecita la nena, está solita, se asusta de los violadores.

Ana = (Tratando de zafarse) ¡Salí, dejame, me apretás fuerte, Mari!

Mari = ¡Ay, pero que alegría! Mi hermana, mi hermanita del alma, hace cuanto que no nos vemos.

Ana = (Sonriente) ¡Basta, Mari, Basta!

Mari la suelta torpemente, dejándola media desorientada, se sirve desesperadamente un mate y unos criollos a la vez que toma el diario y el cuaderno de anotaciones de Ana para ver que apunta mientras sigue comiendo.

Mari = ¡Criollitos! ¡Mate y Criollitos! Mm... ¡Que ricos!... ¿Leíste el diario ya? ¿nos vamos a cambiar de pensión?

* 14. DÍA. INTERIOR DEPARTAMENTO DE LORA. *

Lora despide a su visita pedante y altanera ya casi atravesando la entrada.

Invitada1 = Únicamente por la mañana me vas a encontrar.

Lora = Perfecto. Yo en estos días te hablo por teléfono y te confirmo.

Invitada1 = Pero que sea en esta semana. No demores.

Lora = No hay problema. Yo te llamo.

Suena el portero nuevamente. Lora cierra la puerta, desinfla las mejillas como después de haber pasado un mal rato. Atiende.

Lora = ¿Sí?

Invitada2 (OFF) = Vengo por el aviso.

Lora = Sí, pasá. Subí las escaleras. Segundo piso.

Off chicharra.

* 15. DÍA. INTERIOR HABITACIÓN DE PENSIÓN. *

Ana lee a Mari de su cuaderno los avisos anotados mientras Mari toma ahora mate cocido con criollitos y manteca.

Ana = Escuchá este. Amplio monoambiente a estrenar. Barrio Ducasse. Sin expensas. A 10 cuadras del centro. Impuestos incluidos.

Mari = ¿Y dónde es barrio Ducasse?

Ana = (Se encoge de hombros) A 10 cuadras del centro, dice.

Mari = ¿Y cuánto vale?

Ana = 320 pesos.

Mari = (Casi atragantada) ¡Cuánto!

<u>* 16. DÍA. EXTERIOR EDIFICIO DE LORA. *</u>

Nancy ingresa, sube las escaleras, continúa secándose las lágrimas, busca su llave dentro de un bolso. Su rostro debe expresar angustia y a la vez enojo. Mientras sube, se cruza con Laurita que la saluda mientras baja y queda mirándola desconcertada al darse cuenta que Nancy no está bien, que ni siquiera la ve ni oye.

Laurita = Hola Nancy. ¡Nancy! ¿Estás Bien?

<u>* 17. DÍA. INTERIOR DEPARTAMENTO DE LORA. *</u>

Ya ubicadas en el ambiente, Lora escucha a visitante2 que llora desconsoladamente; la consuela.

Invitada2 = Vivíamos juntos. ¡Ay, de mí, pero que desgraciada que soy, me siento tan sola!...

Lora = Pero, niña. ¿Qué me decís si se reconcilian en estos días de nuevo, eh? No llorés, sonsa.

Invitada2 = ¿Y qué va a pasar si nos reconciliamos? ¿No vamos a poder vivir juntas en este departamento; vos y yo?

Lora = No te preocupes por eso ahora. Dejá correr unos días y después vas a verlo a tu novio y le preguntás que pasó, porque se dejaron...

Invitada2 = En realidad yo lo dejé. Me cansó. Y después salí con su mejor amigo.

Lora (sonríe) = Bueno, como sea. Dejá correr unos días y después hablamos de nuevo, ¿sí?

Invitada2 = ¿Te parece?

Lora = ¿Te parece a vos?

Invitada2 (pensativa) = Sí, porque no.

Lora = No se habla más. En unos días nos hablamos de nuevo y vemos que sucedió.

Invitada2 = Gracias Lorena. Sos una amigaza.

BLOQUE 2.

 * 18. DÍA. INTERIOR DE CABINA PÚBLICA. *

Ana y Mari se encuentran en una cabina pública (sponsor). Mari con el cuaderno de anotaciones de Ana, y con el tuvo en mano, marca el número, luego intenta quitarle el teléfono a Ana.

Ana = Dale Mari, para hoy.

Mari = Hacé bien la letra si querés que te entienda.

Ana (se fija) = 5-1-5-3, ¿qué sos chicata?

Mari = Shh. ¿Llama?

Ana = Sí.

Mari = Dejame hablar a mí, entonces.

Ana = No, no, dejá de joder, Mari. ¡No seas chiquilina, querés!

 * 19. DÍA. INTERIOR DEPARTAMENTO DE LORA. *

Suena el teléfono mientras Lora cierra la puerta despidiendo a su anterior visita. Atiende.

Lora = Chau, chau... Gracias por venir. ¿Hola?

 * 20. DÍA. INTERIOR DE CABINA PÚBLICA *

Dentro de la cabina.

Mari = Yo quiero hablar. Yo marqué el número.

Ana = ¡Ay, pero salí, loca... que te pasa, comportate! ¡Shh! ¿Hola?

Lora (V.Off) = ¿Hola? ¡Hola!

Ana = ¡Basta Mari!

 * 21. DÍA. INTERIOR DEPARTAMENTO DE LORA. *

Lora = ¡Hola? No te escucho bien. Parece que están ligadas las líneas.

 * 22. DÍA. INTERIOR DE CABINA PÚBLICA. *

Ana y Mari tratan de escuchar juntas...

Ana (nerviosa) = Lo que pasa es que estoy en un teléfono público.

Mari = Estamos.

Ana = Hablo por el aviso del diario. Departamento a compartir de 2 dormitorios, cocina, baño, ¿a compartir con chica estudiante?

Mari = Preguntale si es cierto que tiene televisión por cable.

Ana = ¡Shh!

<u>* 23. DÍA. INTERIOR DE DEPARTAMENTO DE LORA. *</u>

Lora = Sí. ¿De dónde sos?

Ana (V. Off.) = De un pueblo del sur.

Lora = ¿Sos estudiante?

Ana (V. Off.) = Sí. Soy estudiante de Derecho. Estoy en cuarto año.

Mari (V. Off.) = No le des tantas explicaciones. Que le importa.

Ana (V. Off.) = ¡Shh!

Lora (como creyendo saber) = Hola. Me parece que definitivamente están ligadas las líneas. Porqué mejor no te venís a ver el lugar así nos conocemos personalmente y charlamos. En el diario está la dirección.

<u>* 24. DÍA. INTERIOR DE CABINA PÚBLICA . *</u>

Ana = Bueno. Pero no soy yo sola, eh. Somos dos hermanas. ¿Podemos ser dos? Mi hermana estudia medicina. También está en cuarto año.

Mari = Y con muchas de tercero. Acordate que recurso algunas este año.

Ana = ¡Shh!

Lora (OFF) = Ah, ¿son dos? El lugar es muy chico. La verdad es que no había pensado en dos personas.

Ana = Yo soy muy silenciosa. Hacé de cuenta que es mi hermana sola la que va a vivir, yo no. Ni vas a notar mi presencia en la casa.

<u>* 25. DÍA. INTERIOR DEL DEPARTAMENTO DE LORA. *</u>

Lora = (Sonríe con aprobación) Puede ser. Habría que hablarlo.

Ana = (**V.Off**) = ¿Podemos ir, entonces? ¿Cuándo, cuando puede ser?

Lora = Si quieren venir hoy, mientras no sea muy tarde no hay problema.

* 26. DÍA. INTERIOR DE CABINA PÚBLICA. *

Ana termina de hablar, corta, toma de un brazo a Mari que no está muy convencida y salen rápidamente del lugar luego de pagar en caja.

Ana = En Diez minutos estamos allá. No estamos muy lejos. Espéranos. Diez minutitos. Chau, chau. Gracias.

Mari = ¡No, no, que diez minutitos, yo no pienso ir! ¡Es muy preguntona la nariz parada ésa! No me gusta. Yo no pienso ir.

Ana = Ay, Mari, ni la conocés siquiera.

Mari = No me importa. No me gusta y punto. No pienso ir.

Ana = ¡Vos vas a ir a donde yo te diga sabés! ¡Vamos, dale, caminá!

Mari = Ay, no, no quiero, no quiero...

* 27. DÍA. EXTERIOR DEPARTAMENTO DE NANCY. *

Chelo y Laurita se encuentran muy preocupados, llaman a la puerta del dpto. de Nancy golpeando y tocando el timbre.

Laurita = (Golpea) Nancy, soy yo, Laura. ¿Estás ahí?

Chelo = (Mirando por cerradura) No parece que estuviera, eh.

Laurita = (Golpea) Nancy...

* 28. DÍA. INTERIOR DEPARTAMENTO DE NANCY. *

PAN corto a una botella de vodka abierta, un vaso vacío, una pila de pastillas de diferentes clases, cajas y tiras rotas o abiertas todas sobre una mesa. Se ve también su diario personal cerrado a un costado, junto a una foto de su madre en un cuadrito de pie.

Nancy continúa llorando mientras agrupa los montones de pastillas de diferentes clases. Se oye el golpear a la puerta nuevamente de Laurita desde adentro y el timbre. Nancy está muy ensimismada en lo que hace, ni se da cuenta.

Laurita (**V.Off**) = Nancy, abrí por favor...

Chelo (**V.Off**) = Nancy, holaaaa... ¿estás ahí?

Nancy toma la botella de Vodka y llena el vaso hasta la mitad. Luego, con ceño fruncido, muy ida en sus pensamientos, recuerda la discusión con su padre...

<u>* 29. NOCHE. INTERIOR CASA DE NANCY. *</u>

Padre = Todos se reciben. El hijo de los Morales empezó después que vos, y terminó un año antes. La chica ésta... Valavela, Valevela, que se yo, terminó ahora a principio de año...

Nancy = ¡Y a mí que me importan los demás! ¡No me comparés con nadie, sabés!

<u>* 30. DÍA. EXTERIOR DEPARTAMENTO DE NANCY. *</u>

Chelo = Seguro que salió a comprar algo.

Laurita = Te digo que no, está adentro. Y está muy mal.

Chelo = (Golpenado) Nancy...

<u>* 31. DÍA. INTERIOR DEPARTAMENTO DE NANCY. *</u>

A Nancy se le caen las lágrimas mientras toma Vodka luego de unos segundos de indecisión y arruga la cara. Sigue recordando...

<u>* 32. NOCHE. INTERIOR CASA DE NANCY. *</u>

Padre = ¡Desagradecida! ¡Te pago cursos privados para que te preparen, pago monografías, lo que sea! ¡Querés plata para esto y ahí tenés... para lo otro y ahí la tenés... te doy todo, y así me pagás?

Nancy = (Le tira con un florero) ¡Me tenés cansada! Si no soy digna de ser tu hija te podés ir a la mismísima mierda. ¡Y morite si querés!

Nancy se retira del lugar dando un portazo llorando enérgicamente. Padre de Nancy queda desconcertado, acalorado y un poco descompuesto por la discusión mirando la puerta. (El actor ha de expresar una especie de ahogo, producido por su impotencia, no dolor de corazón).

<u>* 33. DÍA. EXTERIOR DEPARTAMENTO DE NANCY. *</u>

Chelo convence a Laurita de no seguir insistiendo. Se retiran.

Laurita = No la vi muy bien, Chelo. Es serio el asunto.

Chelo = No seas exagerada; te habrá parecido. Vamos, no la jodamos más. Seguro que no le pasa nada.

Laurita = ¿Si no le pasa nada entonces porque no nos abre la puerta?

Chelo = Cada uno tiene sus días y sus rayes y no los comparte con nadie. Va a ser mejor que la dejemos sola. ¡Vamos, dije!

* 34. DÍA. INTERIOR DEPARTAMENTO DE NANCY. *

Nancy es un mar de lágrimas y desesperación. Toma un trago de la botella de Vodka. Con mano temblequeante, lentamente, toma un puñado de pastillas en sus manos con la intención de metérselas a la boca; no se decide de una vez. Las abandona sobre la mesa y llora desconsoladamente.

* 35. DÍA. INTERIOR DE TAXI. *

Ana le da indicaciones a Mari de cómo comportarse mientras viajan. Se ven partes de la ciudad, sugeriblemente hacia Nva. Córdoba.

Ana = Dejame hablar a mí. Vos limitate a decir sí o no. Nada más. Sé disimulada para mirar, y por sobre todas las cosas no toques nada ni pongas los pies sobre los muebles...

Mari juega con un espejo de mano abriéndolo y cerrándolo. Ana se lo quita. Mari luego mira para afuera.

Ana = Te estoy hablando, Mari; ¿Me estás escuchando!

Mari = (Murmurante) Sí, sí.

* 36. DÍA. EXTERIOR DESDE LA CIUDAD HACIA EL TAXI. *

Ana continúa indicaciones a Mari, que mira hacia afuera del vehículo (Sponsor taxi o remis) como aburrida y sin escuchar.

Ana. (V. Off) = Comportate. No hagas caras feas. Si algo no te gusta te lo guardás y después lo hablamos. Sé educada. ¿Quedó claro?

(Sonido urbano general).

Mari. (V.Off) = Sí, sí.

* 37. DÍA. INTERIOR OFICINA DEL PADRE DE NANCY. *

Padre de Nancy se encuentra en su oficina (es médico), marca un número telefónico. Secretaria abre la puerta luego de llamar brevemente, le avisa en tono muy bajo...

Secretaria = Llegó la familia Morales, señor.

Padre = Enseguida voy.

* 38. DÍA. INTERIOR DEPARTAMENTO DE NANCY. *

Suena el teléfono que se encuentra en el suelo, sobre el desorden, con hojas rotas y carpetas desojadas sobre el piso. Nancy reacciona, se pasa las manos por el rostro. Está en muy mal estado emocional. Atiende el contestador. Nancy escucha.

Contestador = (V.Off Nancy). En este momento no estoy en casa. Después de la señal, deje su mensaje. ¡BIP!

Padre = (Apenado. V.Off) Hija. Soy yo. Sé que no querés hablarme, pero al menos escuchá lo que tengo que decirte.

* 39. DÍA. INTERIOR DEPARTAMENTO DE LORA. *

Lora termina de lavar algunas cosas en la cocina. Suena el portero. Atiende.

Lora = ¿Sí? Pasen. Suban las escaleras. Segundo piso.

Off chicharra a través del tuvo. Lora rocía con un poco de perfume el ambiente.

40. DÍA. INTERIOR OFICINA DEL PADRE DE NANCY. *

Padre = Hija, vos sabés que tengo razón. Me mentiste (sonríe para sí). Me engañaste como a un chico.

* 41. DÍA. INTERIOR DEPARTAMENTO DE NANCY. *

PM a teléfono. PG a alrededores y a Nancy escuchando con atención.

Padre (voz lagrimeante) = Tu madre solía hacerme eso. (Carraspea la garganta). Sé que nuestra comunicación últimamente no es muy buena... lo que quiero decirte...

* 42. DÍA. INTERIOR OFICINA DEL PADRE DE NANCY. *

La secretaria vuelve a ingresar apenas abriendo la puerta tras haber golpeado brevemente. Con gestos le indica al padre de Nancy que es urgente. El padre asiente, corta la comunicación.

Padre = El punto es que si no querés estudiar más, por ahora al menos, no lo hagas. Pero no me mientas. Bueno... tengo que irme... hablame cuando puedas. Solucionemos esto como personas adultas. Chau hija. Hablame.

* 43. DÍA. INTERIOR DEPARTAMENTO DE NANCY. *

Nancy decide tarde, intenta hablar antes de que su padre corte, pero solo se oye el tono del teléfono.

Nancy = ¡Papá! ¡Hola!

(Off Tono)

* 44. DÍA. INTERIOR DEPARTAMENTO DE LORA. *

Lora cierra la puerta del dormitorio, corre como queriendo adelantarse y abre la puerta de entrada sonriente. Ana que se encuentra con la mano levantada como para llamar a la puerta. Mari está ubicada muy seria detrás de ella. Ingresan al departamento.

Lora = Hola. Te gané, estabas por golpear.

Ana = Sí, me quedé con la mano...

Lora = Pasen. Pasen por favor.

Ana = Permiso.

Mari ingresa saludando con un gesto; mira a su alrededor sin ningún disimulo; le gusta el lugar, se alegra. Ana codea a Mari, quien le sonríe exageradamente a Lora.

Lora (a Mari) = ¿Te gusta el lugar? ¿Es lindo no? Lo decoré yo misma.

Ana = Ay, disculpá, pero que maleducadas, no nos presentamos. Yo soy Ana...

Ana le tiende su mano.

Lora = Hola Ana, un gusto.

Ana = Y ella es Mari. Mari saluda a... (no recuerda el nombre)

Lora = (sonriente) Oh, disculpen, yo tampoco creo que me presenté. Mi nombre es Lorena, pero mis amigas me dicen Lora.

Mari sigue mirando algunas cosas del lugar. Ana reta a Mari.

Ana = ¡Mari!. ¿No vas a saludar a Lorena?

Mari = Ya la saludé. Cuando entramos.

Ana quiere comer a Mari con la mirada. Lora ameniza la situación.

Lora = Es cierto. Ya me saludó. Además, no importa. Ya se está haciendo tarde y francamente creo que todas estamos un poco sin saber que hacer o decir. Tenemos que romper el hielo, como se dice.

Ana = Estoy de acuerdo.

Lora = ¿Qué les parece si nos sentamos y charlamos un rato?

Ana = Buena idea. Gracias. (a Mari) Mari; Mari, sentate.

Lora = ¿Quieren algo? Un té, un café...

Mari = Jugo. ¿Tenés jugo?

Ana = ¡Mari!

Lora = Ah, pero por favor, yo se lo ofrecí. ¿Vos Ana querés algo?

Ana = No, gracias.

Lora = ¿Seguro?

Ana niega con la cabeza y la mano. Lora se retira a la cocina, habla desde allí. Ana reta a Mari con gestos por cualquier cosa posible que haga. Lora trae el jugo, conversan un rato mientras Mari se acomoda de distintas formas en el sillón bastante inquieta.

Lora = ¿Que me dijiste que estudiabas, Ana?

Ana = Derecho. Estoy en cuarto año.

Lora = ¿Y vos, Mari?.

Ana = Medicina. Está en cuarto también.

Mari = En tercero y medio, ¡va!

Lora = Donde viven ustedes, chicas.

Ana y Mari (juntas) = En una pensión.

(Breve silencio)

Mari = ¡Puf, que calor que hace acá!

Lora = (Sonríe) Es cierto. ¿Saben qué?, estamos todas un poco acartonadas. Seamos como somos. Sin ningún problema. Vamos. Aflójense un poco. Eso, así se nos va el calor.

Lora afloja las manos haciendo sacudir los dedos; Ana y Mari se miran como creyendo que está media mal de la cabeza, pero hacen lo mismo para conformarla.

BLOQUE 3

* 45. DÍA. INTERIOR DEPARTAMENTO DE NANCY. *

Nancy, toda desaliñada habla por teléfono.

Nancy = Hola. ¿Cristina?, Dame con mi papá. Necesito hablar con él.

* 46. DÍA. INTERIOR OFICINA DEL PADRE DE NANCY. *

Secretaria = Hola Nancy, tanto tiempo. (Escucha) Vos sabés que está muy ocupado en este momento, no te va a poder atender, está con unos pacientes...

* 47. DÍA. INTERIOR DEPARTAMENTO DE NANCY. *

Nancy = (disgustada) ¡Y a mí que me importa con quien esté! ¡Soy la hija, decile! ¡Si no tiene tiempo para mí, entonces que no me hable nunca más decile!

Nancy corta violentamente. Entra en un ataque de nervios. Sin querer voltea un florero de pie. CL florero va cayendo al suelo.

* 48. DÍA. INTERIOR DEPARTAMENTO DE CHELO. *

Chelo y Laurita se encuentran ordenando algunas carpetas y papeles. Off ruido de algo que se rompe. Ambos miran hacia el techo.

Laurita = ¿Oíste! Es Nancy.

Chelo = Si, debe estar media loca.

Laurita = (Intentando ir) Vamos a verla.

Chelo = ¿Pero que no entendés que cuando la gente está así hay que dejarla sola?

Laurita = ¿Y si le pasa algo?

Chelo = Pero no, que le va a pasar.

* 49. DÍA. INTERIOR DEPARTAMENTO DE LORA. *

Continúa la conversación en los sillones.

Ana (a Lora) = Que estudias, ¿sicología?

Lora = No. Arquitectura.

Mari = Pareces una sicóloga.

Lora = (Sonríe) ¿Ah, sí, por qué?

Mari = Por preguntona. Todo querés saber.

Ana quiere comerla con los ojos a Mari, carraspea la garganta para llamarle la atención, Mari ni se da cuenta.

Mari = Y todo lo tenés muy medido también. Esto, aquello, sí, no, que desean, aflojensé, sean felices.

Ana = ¡Mari!

Lora = (sonriente) Vos sabés que no me había dado cuenta que era así.

Ana = Es una chica buena, Mari.

Mari = Así parece. Pero muy vueltera. Yo quiero saber algo.

Lora = Decime.

Mari = Yo sin Ana no voy a ninguna parte. Y Ana sin migo tampoco.

Ana = (Tomándose la cabeza) Sin mí, Mari, sin mí.

Mari = Como sea. ¿Nos aceptás a las dos? Sí o no, decinos. No nos hagas perder el tiempo.

Ana se toma la cabeza y se pone roja de vergüenza sin saber que hacer o decir para excusarse ella y a su hermana.

Lora = (A Ana) Está bien. Es franca. Franca y directa. Me gusta la gente así. Es muy bueno eso.

<u>* 50. TARDE. INTERIOR DEPARTAMENTO DE NANCY. *</u>

Nancy se encuentra en su peor momento. Está a punto de tomar las pastillas. Toma fuerzas con un trago de Vodka de la botella. Llora con mucha amargura, está indecisa, desorientada, en pleno ataque de nervios. Mira la fotografía de ella con su madre, que toma luego en sus manos.

Nancy = Mami... mami...

<u>* 51. TARDE. INTERIOR DEPARTAMENTO DE LORA. *</u>

PG salen de una habitación, cierran la puerta del dormitorio, husmean la cocina y vuelven a los sillones.

Mari = El lugar es lindo. Si pedís lo que dice el diario y sos buena gente, a mí me gustaría que podamos compartir los gastos y vivir acá. La pensión es un nido de gente, cada vez que querés ir al baño tenés que hacer cola y sacar número.

Ana = Ay, Mari no seas exagerada. No es para tanto tampoco.

Lora = Eso me han dicho, eh. Que a los dueños de esas casonas solo les interesa meter estudiantes a como dé lugar. No les importa nada más.

Mari = (a Ana) ¿Ves, ves?. Pensamos lo mismo. Decinos una cosa, Lora...

Ana = Lorena decile. Lora le dicen sus amigas.

Lora = (A Mari) Está bien. Decime como más te guste. (a Ana) No hay problema, en serio.

Mari = Quiero saber algo. En primer lugar, ¿sos honesta?

Lora = Quedate tranquila. En ese aspecto no corres ningún riesgo conmigo.

Mari = ¿Seguro? ¿Después no nos vas a salir con que hay que pagar esto que me olvide de decirles, ni esto otro, no? Yo quiero estudiar tranquila, comer, dormir y ver el tele por cable; nada más. ¿Es mucho pedir?

Lora sonríe con muchas ganas por la franqueza de Mari. Ana se toma de la cabeza sin saber que hacer o decir, pero también sonriente y acalorada.

<u>* 52. TARDE. INTERIOR OF. DEL PADRE DE NANCY. *</u>

Padre de Nancy reta a su secretaria, mientras entra a la oficina y usa el teléfono. La secretaria sale cabizbaja.

Padre = ¡Como que no me quiso molestar! ¡Es mi hija! ¿Acaso puede haber algo más importante para mí! (Escucha; murmura) ¡Pero, que contestador de mierda!

*** 53. NOCHE. EXTERIOR DPTO. DE NANCY. PASILLO. ***

Laurita convence a Chelo de ver a Nancy, mientras llegan a su dpto. Caminando rápido. Laurita llama a la puerta muy preocupada y toca el timbre. Chelo mira por la cerradura, se da cuenta que está tirada en el suelo. Abren la puerta a la fuerza.

Laurita = ¡Dale, apurate!

Chelo = ¡Me estás asustando, pendeja!

Laurita = ¡Lo presiento, algo le pasó! (Llama) ¡Nancy! ¡Nancy abrí! ¡Abrinos por favor!

Chelo = ¡Está en el suelo!

Laurita = ¡Ay, no! ¡Abrí, dale Chelo tirala abajo!

*** 54. NOCHE. INTERIOR DEPARTAMENTO DE NANCY. ***

Nancy se encuentra inconsciente en el piso (comienza a atender el contestador). Chelo y Laurita corren hacia ella. Ven algunas pastillas y frascos desparramados y algunos en la mano de Nancy. Chelo se fija si Nancy tiene pulso. Le levanta los párpados para ver sus ojos, trata de sentarla apoyándola sobre sí con la ayuda de Laurita; luego la deja con su hermana, levanta el teléfono y pide ambulancia sin saber que era su padre el que hablaba.

Contestador = En este momento no me encuentro en casa. Después de la señal, deje su mensaje. ¡Bip!

Laurita = ¡Ay, no; Nancy, Nancy!

Chelo = (A Laurita) La sentemos.

Padre = Hija, hola. ¿Estás ahí? Hija.

Laurita = ¡Está muy mal! ¡Hacé algo!

Chelo = Sostenela.

Laurita = ¡Hacé algo, Chelo; se nos va, se nos va!

Chelo = (Por Tel.) ¡Una ambulancia! ¡Una ambulancia por favor!

*** 55. NOCHE. INTERIOR OF. DEL PADRE DE NANCY. ***

Padre = (Muy desesperado) ¡Que pasa! ¡Qué pasó! ¡Hija! ¡Hijaaa!

*** 56. NOCHE. INTERIOR HABITACIÓN DE PENSIÓN. ***

Ana y Mari se encuentran acostadas, a oscuras. Mari enciende la luz del velador. PPP reloj marca la 1. Ana duerme arriba en la cucheta.

Mari = Ani. ¡Ani!

Ana = Que.

Mari = No puedo dormir.

Ana = Que te pasa.

Mari = No me siento bien.

Ana = Debe ser por todo lo que comés de noche. Comés como una vaca, Mari.

Mari = ¡Y vos, y vos!...

Ana = Apagá la luz, querés. Dejáme dormir.

Mari = Quiero ir al baño. ¿Me acompañás?

Ana = Ay, no, loca. Andá sola.

Mari = Es tarde, está oscuro.

* 57. NOCHE. INTERIOR DEPARTAMENTO DE NANCY. *

Lora ingresa al Dpto. preocupada por el alboroto. Examina superficialmente a Nancy tomándole el pulso. Consuela luego a Laurita, que llora contenidamente. Chelo sin saber que hacer o decir, solo toma de la mano a Nancy. OFF Sirena de la ambulancia.

Lora = ¿Chelo, Lauri, que pasó!

Laurita = ¡Yo sabía, yo sabía!

Lora = No la muevas, Lauri. Tranquila. Tranquilos los dos.

(Off. Ambulancia)

Chelo muestra a Lora una botella de Vodka y un puñado de pastillas, indicándole con mucho pesar, moviendo su cabeza negativamente, que Nancy tomó la mezcla.

* 58. NOCHE. INTERIOR HABITACIÓN DE PENSIÓN. *

Ana se dispone a acompañar a Mari sentándose en la cama mientras bosteza.

Ana = Bueno, dale. Vamos.

Mari = No, no. Ya se me pasó.

Ana = ¿Ya se te pasó?

Mari = Ahá.

Ana = ¡Entonces apagá la luz, querés!

Mari apaga la luz.

Mari = Ani. ¡Ani!

Mari vuelve a encender la luz.

Ana = ¡Ay, de mí; que querés ahora!

Mari = ¿Para qué nos pidió los datos personales la sicóloga ésa?

Ana = No es sicóloga Mari, es estudiante de arquitectura.

Mari = Sí, ya sé. ¿Pero para que nos pidió todos los datos de la casa de nuestros padres?

Ana = Para buscar referencias, Mari. No se puede meter en la casa de una a cualquiera, date cuenta. Y apaga a luz, que ya es tarde.

Mari = (breve pausa) ¿A vos te gusta el lugar?

Ana = Sí.

Mari = ¿Y la sicóloga?

Ana = No es sicóloga, es estudiante...

Mari = Sí, sí, de arquitectura. Mejor me duermo. Chau, loca. Soñá con los angelitos.

Ana = Vos también, Mari. ¡Y dejá de despertarte a media noche, querés!

Mari = Bueno.

Ana = ¡Shhh; Apagá la luz te dije!

Mari = Yo no soy la que estoy hablando, sos vos.

Ana = ¿Querés acabarla de una vez!

Mari apaga la luz.

* Títulos, música.

*

PROTAGONISTAS:

Ana y Mari = Hermanas. Tonada del sur, tipo Santa Fe.

Lora = (Vecina de Nancy y Chelo). Local.

Nancy = (Vecina de piso de Lora). Tonada del Sur, tipo Santa Fe.

Chelo y Laurita = Hermanos. (Vecinos de abajo de Lora). Tonada Riojana.

Padre de Nancy = (Médico). Tonada del sur.

EXTRAS:

Secretaria (Cristina). Tonada del sur.

Estudiantes mujeres, tonadas del norte. Visitantes 1 y 2.

ESCENOGRAFÍA:

Habitación de Ana y Mari: Amplia, mesa, sillas, 2 camas, tv.

Departamento de Lora = Muy bien decorado. 2 ambientes, cocina y baño.

Departamento de Nancy = Similar al de Lora, nivel medio alto.

Habitación interior de casa de Nancy = Nivel medio alto.

Oficina - consultorio del padre de Nancy = Nivel medio alto.

EXTERIORES:

Edificio de Lora: Simple, de dos o tres pisos sin ascensor. Escaleras amplias.

Terminal de ómnibus.

Interior y exterior de Ómnibus larga distancia.

Plaza España o similar.

Interior y exterior de Taxi.

CAPÍTULO 2
TRES DÍAS DE NOVIOS

BLOQUE 1

<u>* 1. DÍA. INTERIOR DPTO. LORA. *</u>

Ana y Mari se están mudando. Cargan una caja grande entre las dos, chocan con varios muebles al entrar. Mari busca a Lora con la mirada, no la encuentra, la llama a gritos. Lora sale de su dormitorio. Recibe la caja pesada y se dirige a la cocina. Mari se recuesta en los sillones a descansar.

Ana = ¡Despacio Mari, no seas tan bruta! ¿No ves que acá están los platos!

Mari = ¡Lora, Lora! ¡Dejamos esta caja en la cocina?

Lora = Acá estoy, mamita. No grites. Es un departamento este, no una casa.

Ana = Si, es cierto. Todo el mundo se va a enterar que nos estamos mudando, Mari.

Mari = Donde la ponemos.

Lora = Dámela a mí.

Mari = (entrega) Está pesada, eh. (A Ana) Mirá la fuerza que tiene la flacucha. (Recostándose en el sofá) Ahh... ¿vendría bien un juguito, no Lora!

Ana = Dale Mari, no es hora de descansar, el flete cuenta los minutos.

<u>* 2. DÍA. EXTERIOR. PLAZA. *</u>

Chelo se encuentra sentado solo muy pensativo, nostálgico. Mira a lo lejos. PP a un diario personal (el que era de Nancy). Se acerca Laurita, quien con mucho tacto lo trata de animar. Chelo se retira ofuscado. Laurita queda muy apenada sin saber qué hacer.

Laurita = Habló la abuela. Dice que a mamá le va muy bien en el trabajo nuevo (pausa). Dice que vayas a verlo al papi, que él quiere hablar con vos, que hace mucho que no vas (pausa). ¿Ese es el diario de Nancy? (PP al diario). (Breve pausa) Ayer en el hospital me tomé un café negro bien cargado, así de grande (grafica, breve sonrisa, pausa y seria nuevamente) Creo que tenemos vecinas nuevas arriba, en el departamento de Lora. Una se llama Ana, parece buena chica, no sé. La otra...

Chelo = ¡Querés dejarme en paz!

* 3. DÍA. INTERIOR DPTO. NANCY *

Padre de Nancy mira de pie nostálgico el ambiente (puede haber un calendario de la casa fotográfica como Sponsor). Toma un álbum de fotos de un estante con libros y apuntes (puede haber un logo de Facultad de medicina). Se sienta en la mesa y abre el álbum. Mira la primera hoja.

PPP a la foto donde está él y Nancy sonrientes con un perro pequeño en sus brazos. Padre sonríe suspirante y pensativo. Pasa una hoja. PPP a otra de las fotos donde se encuentran Nancy con su madre muy sonrientes en un jardín saludando con un chorizo en mano a la cámara. Tras ellas puede notarse un asador campestre y humo.

* 4. DÍA. EXTERIOR. JARDÍN.*

El lugar de la fotografía se hace vívido. Día de campo, plantas, asador, mesa de material llena de platos, vasos, gaseosas (Sponsors), una fuente con ensalada a medio hacer, dos o tres reposeras al costado y condimentos sobre la mesa componen la escena. Nancy tomará una foto a su padre y madre.

Nancy = (con cámara) Vamos, los dos juntos... más juntos... piquito ahora, piquito... ¡Dale pá!

Sonríen padre y madre de vergüenza, se acercan para darse un beso (sin hacerlo). Flash, Nancy toma la foto.

Padre toma ahora la cámara. Nancy se le prende del cuello a su madre, preparan la ensalada juntas haciendo payasadas, a Nancy le da un ataque de risa, se coloca detrás de su madre, sobre un banco o silla, tratando de echar aceite y vinagre a la ensalada pero enchastra toda la mesa y a su madre, ambas ríen con ganas.

Padre = Ahora ustedes. Yo les saco.

Madre = Dejame terminar la ensalada primero.

Nancy = No, así, así, mientras preparamos la ensalada.

Padre = A ver, canten o algo.

Madre = ¡Que hacés hija!

Nancy = (sube a un banco) Buenas días señoras y señores, en esta ocasión, le preparamos para usted...

Madre = ¡Estás volcando afuera!

Nancy = ...una ensalada riquísima, con condimentos en todos lados menos en los tomates... (muerde la oreja de su madre)

Madre = ¡Ahh!. ¡La foto, hija, la foto!

Nancy y Madre = ¡Whisky!

Ambas toman un chorizo en mano cada una y saludan a la cámara. Padre muy sonriente que ya casi toma la foto. PPP a luz de flash.

* 5. DÍA. INTERIOR DPTO. NANCY. *

Padre de Nancy sonríe con alegría y angustia a la vez. Se le caen algunas lágrimas, inspira para tomar aliento con mucho pesar (debe notarse en su expresión un agudo dolor contenido, pero muy fuerte). Cierra el álbum.

Padre (Murmurante) = Mi niña, mi niña...

* 6. DÍA. INTERIOR DPTO. LORA *

Mari en la habitación acomodando algunas cosas llama a Gritos a Ana. Lora se despide para irse al trabajo.

Mari = ¡Ana; Ana!

Ana = (entrando, a baja voz) Ay, no grités, boba, Lorena nos va a retar.

Mari = (Refiriéndose al lugar) Mirá, mirá esto. Yo pensé que era más grande. Vamos a estar apretujadas las dos acá. No vamos a poder estudiar.

Ana = Pero no, sonsa. Solo vamos a dormir acá, para estudiar tenemos todo el departamento.

Mari = ¿En serio?

Ana = Claro, ¿qué te pensás, que alquilamos solamente la pieza?

Mari = (Abrazando a Ana) ¡Ahh! Sos una genia. ¡Genia!

Lora = Chicas, termínense de acomodar, cuiden el departamento como si fuera de ustedes. Me voy al trabajo...

Mari = ¿Trabajás, Lora?

Lora = Sí, en una empresa de turismo, con mi mamá.

Ana = Ah, qué bien.

Mari = ¿Tu mamá también trabaja ahí?

Lora = Sí, es mi jefa, por decirle así. En realidad es la dueña.

Mari = ¿Podés conseguirnos trabajo a nosotras, Lora?

Ana = ¡Mari, comportate!

Mari = ¿Que dije!

Lora = Ya veremos, Mari. Por ahora todas las empleadas estamos en jaque. La empresa no anda muy bien. Pero después veremos.

Ana = ¿Vas a venir a almorzar?

Lora = No puedo. Apenas salga del trabajo me voy a la facultad. Nos vemos a la noche. Un besito. Chau.

Mari = Chau Lora.

Ana = Chau. Suerte.

(Lora sale)

Mari = ¿Porque dice que todas las empleadas están en jaque?

Ana que eleva los ojos hacia arriba como pidiendo al cielo paciencia.

* 7. DÍA. INTERIOR DPTO. NANCY *

Padre de Nancy se encuentra algo shockeado, apretando entre sus brazos al álbum de fotos. La puerta del Dpto. está abierta, sacada de su lugar. Todo debe estar en reparación y pintura. Chelo se para en el umbral silencioso y cabizbajo. Padre trata de componerse a sí mismo al tiempo que se levanta para saludarlo.

Padre = Chelo, como estás.

Chelo = Bien. Como está usted.

Padre = (dolido y suspirante) No sé, hijo. No sé.

Breve pausa. Chelo no sabe qué hacer, solo le ofrece un abrazo solidario mientras el padre rompe en llanto, luego se abrazan. PP a Chelo como recordando un día antes.

Chelo = Lo siento mucho.

* 8. DÍA. EXTERIOR. CEMENTERIO. *

PG a gente en entierro desde atrás (de espaldas). Chelo se encuentra alejado mientras se oye en Off el orar de un sacerdote.

PC al Padre de Nancy de perfil entre la gente (también se encuentra Lora).

PC a Laurita, que gira la cabeza para ver a su hermano a lo lejos. La cámara se acerca, queda Chelo en PP.

Sacerdote (V.OFF) = ...y el señor dijo: No solo de pan vivirá el hombre, sino de toda palabra que sale de la boca de Dios. Bienaventurados los que lloran, porque ellos recibirán consolación. Bienaventurados los mansos, porque ellos recibirán la tierra por heredad. Bienaventurados los limpios de corazón, porque ellos verán a Dios...

* 9. DÍA. INTERIOR DPTO. NANCY. *

Chelo no aguanta más y sale del lugar con lágrimas en los ojos. Padre se rescrebraja profundamente por dentro, con un quejido casi silencioso mientras apoya sus manos sobre la mesa y levanta levemente el rostro al cielo.

Padre = Que trago amargo, Señor. Que trago amargo.

* 10. DÍA. INTERIOR OFICINA TRABAJO LORA. *

Lora sale de un ascensor e ingresa a la oficina de trabajo (agencia de viajes o consultora). Se ubica en su escritorio, enciende su computadora, ordena algunas carpetas. En escena hay dos extras, secretaria 1 y 2.

Lora = (Ingresando) Hola, buen día.

Secretaria1 = (Mirando su reloj) Buenas noches. Son las 10 y media hijita.

Lora = (Sonriente) Disculpen, pero es que tengo nuevas compañeras de departamento.

Secretaria1 = (tono queja) Uy, pero a vos cuando no se te muere una vecina, se te llena la casa de gente...

Secretaria2 = (a Secre1) ¡Shh! (a Lora) Son las mismas que nos contaste el otro día.

Lora = Sí, las mismas.

Secretaria2 = ¿Y, que tal son?

Lora = Son un circo las dos juntas.

Secretaria1 = ¿Son hermanas?

Lora = Sí, vienen del sur. Una de ellas pobrecita, es un ángel, dice cada cosa; es de inocente.

Secretaria1 = Tontita, querrás decir.

Secretaria2 = ¿Es retrasada?

Lora, hace un gesto de desaprobación total, como dándole fin a una conversación de mal gusto. PP La madre de Lora entra a escena por una puerta lateral e ingresa a su oficina llamando a Lora en tono muy serio.

Madre = Lorena, a mi oficina.

Secretaria2 = (Sacudiendo sus dedos como esperando algo picante) Uhh..

* 11. DÍA. EXTERIOR. PARQUE. *

Chelo camina pensativo por el parque. Menea la cabeza negativamente sonriente.

* 12. DÍA. EXTERIOR. PARQUE. *

Chelo y Nancy caminan de la mano por el mismo lugar de la escena anterior con libros y carpetas. Nancy habla de cosas serias, Chelo hace bromas, Nancy se enoja. Chelo trata de besarla, Nancy se niega. Llegan a un banco, se sientan. Nancy se afloja, se deja atrapar por los brazos de él (debe notarse en sus manos o saliendo de cartera de Nancy su diario personal, pero no en PP).

Nancy = En la vida no es todo pura casualidad. Sucede lo que tiene que suceder de acuerdo con lo que uno haga o no haga. Es así; inevitable.

Chelo = (En tono de broma) Adhiérome a tus sabias palabras. Por eso yo prefiero no hacer nada.

Nancy = ¡No, muy mal! No es cuestión tampoco de quedarse con las manos en los bolsillos, sos muy cómodo vos.

Chelo = Cómodo y Ardiente.

Nancy = (Desconcertada y sonriente) ¡Te estoy hablando en serio!

Chelo = (Tratando de besarla) Yo también, mamucha.

Nancy = (Seria) ¡Salí, salí; dejame! Nadie entiende lo que yo digo.

Chelo = (Toman asiento) Yo sí sé lo que decís, sonsa. Dame un besito... uno solo, eh. Dale. ¿Me querés?

Nancy = (Mimosa) No sé. Lo voy a pensar.

<u>* 13. DÍA. EXTERIOR. PARQUE. *</u>

Chelo sentado en ese mismo banco, en similar posición final a la escena anterior. Menea la cabeza negativamente sonriente. Acaricia el banco con nostalgia. Mira el diario cerrado en sus manos, lo hace chocar contra su otra mano unos instantes, suspira dolido apretando fuertemente sus ojos mientras se desarma en el banco y menea la cabeza negativamente.

BLOQUE 2:

<u>* 14. DÍA. INTERIOR DPTO. LORA. *</u>

Ana y Mari se encuentran en la cocina. Mari habla mientras Ana pela papas.

Mari = Será compañera tuya, disculpame, pero es una cuentera ésa. A mí me prometió dos cajas de alfajores, ¿y vos viste alguno?

Ana = Bueno Mari, no habrá podido.

Mari = ¡Qué podido, que podido; no se fue de vacaciones! ¡Y a Australia nada menos! Lo dice para aparentar. No sé para que miente. Cree que así la van a querer más.

Ana = Algunas personas son enfermas Mari.

Mari = ¿Enfermas de qué?

Ana = Son mitómanas. Mienten y se creen lo que dicen.

Mari = Me parece muy tonto mentir. Aparentar, fingir. No tiene sentido.

Ana = Mm... Sí. ¿Sabés qué Mari, por qué no pelás unas papitas?...

Mari = ¡Ah, no, no, loca!...

Ana = ¿Ayudame, querés? Si no vamos a comer como a las dos de la tarde, con lo lenta que soy.

Mari = (mientras sale de la cocina) Tengo que leer un apunte nuevo ahora que me acuerdo.

Ana = ¿Segura, no me mentís?

Mari ingresa de vuelta a la cocina; cabizbaja, resignada. Dispuesta a pelar papas.

Mari = No tengo apunte nuevo.

Ana = (sonriente) Ah, ¿viste que fácil es hablar y que difícil es no hacer lo que una tanto critica?

Mari = ¡Te dije la verdad, no?

* 15. DÍA. INTERIOR OFICINA TRABAJO LORA *

Lora y su madre se encuentran sentadas en un escritorio frente a frente. Madre enciende un cigarrillo (Sponsor) mientras saca de un cajón una chequera y comienza a llenarla. Le entrega el cheque a Lora.

Madre = ¿Conseguiste con quien compartir el departamento ya?

Lora = Sí. Con dos estudiantes. Son hermanas.

Madre = ¿Dos? Creí que solo querías una persona.

Lora = No me podía negar, son buenísimas las chicas.

Madre = Hija, te tengo que dejar ir.

Lora = ¿Como que dejar ir?

Madre = Vos sabés como está la empresa. Tenemos los ingresos justos como para cumplir nuestras obligaciones, nada más. De ganancia ni hablar. Cambiamos la plata. Subsistimos (le entrega el cheque).

Lora = ¿Que me querés decir, mamá?

Madre = (Tras un amplio suspiro) Estás despedida, hija.

Lora = ¿Que!

* 16. DÍA. INTERIOR DPTO. CHELO *

Laurita se encuentra estudiando, suena el timbre. Atiende. Es el padre de Nancy.

Laurita = Hola, como le va.

Padre = Hola, hija.

Laurita = Pase.

Padre = No, te agradezco. Ya casi estoy listo para irme de vuelta a casa. Solo quería despedirme de tu hermano.

Laurita = Él no está.

Padre = ¿Sabés donde lo puedo encontrar?

* 17. DÍA. INTERIOR BAR FACULTAD *

Nancy se encuentra sentada en un bar de facultad tomando una gaseosa (sponsor) mientras lee unos apuntes. Chelo ingresa con un regalo, besa en la frente a Nancy.

Chelo = Hola divina. Diosa. Hermosa. Muñeca. Preciosa.

Nancy = (sonriente) ¡Sentate de una vez, querés!

Chelo = (Se sienta, entrega paquete) Tomá.

Nancy = ¿Para mí?

Chelo = (asiente sonriente) Abrilo.

Nancy = (Sonriente, enamorada) Ay, gracias.

Chelo = Dale, abrilo.

Nancy = (seria) ¡Bueno, no me apurés!. (Lo abre). (Agradecida) ¡Ah, una agenda!

Chelo = ¿Te gusta?

Nancy = Sí, gracias (besa a Chelo). Qué bonita. Gracias. ¿Por qué el regalo?

Chelo = Hoy es nuestro aniversario.

Nancy = ¿Nuestro aniversario?

Chelo = Hoy cumplimos "tres días de novios".

Nancy = Ay, Chelo (abraza a Chelo).

PC a Nancy mirando la agenda.

<u>* 18. DÍA. EXTERIOR. PLAZA *</u>

Chelo se encuentra sentado en el banco con lágrimas en los ojos y levemente sonriente. Se acerca el padre de Nancy. Chelo le permite sentarse a su lado. Padre ve el diario de Nancy en sus manos.

Padre = ¿Lo leíste?

Chelo = ¿Cómo?

Padre = Al diario, Si lo leíste.

Chelo = No. No lo abrí.

Padre = ¿Me puedo sentar?

<u>* 19. DÍA. INTERIOR OFICINA TRABAJO LORA *</u>

Lora = ¿Que hago mal, mamá para que me despidas así!. ¿Es por las llegadas tarde?

Madre = No, hija.

Lora = Hace tres años que trabajo acá, ¿te falté alguna vez; aunque sea una sola vez?

Madre = No.

Lora = ¿Por qué me hacés esto? Justo ahora, cuando más lo necesito.

Madre = Tenés que madurar, hija.

Lora = ¿Madurar? Hace tres años que vos misma me incitaste para que me fuera a vivir sola.

Madre = En un departamento mío.

Lora = Ya sé que es tuyo. ¿Que acaso no te pago el alquiler? ¿Fallé alguna vez? ¿Dejé de pagarte siquiera un solo mes?

Madre = No entendés de que se trata todo esto.

Lora (ofuscada) = ¡No, mamá, no entiendo; y quiero que me expliques, ya que yo no me doy cuenta, porque soy muy sonsa todavía y me falta madurar según vos!

<u>* 20. DÍA. EXTERIOR PLAZA *</u>

Padre = ¿La querías a mi hija?

Chelo = Sabe que sí.

Padre = ¿La conocías bien?

Chelo = En qué sentido lo dice.

Padre = En el bueno. En el bueno.

Chelo mira el suelo, no contesta, juega un poco con el diario cerrado.

Padre = (Suspirante) Yo tampoco. (Refiriéndose al diario) Vos se lo regalaste, ¿no?

Chelo = ¿Cómo?

Padre = Al diario.

Chelo = Sí, sí.

Padre = Se lo diste en el día que cumplieron tres días de novios.

Chelo = ¿Cómo sabe eso!

Padre = Ella me lo contó. No teníamos tan mala comunicación después de todo. Solo que... no sé qué pasó.

Padre comienza a llorar. Chelo luego de unos segundos lo consuela poniéndole una mano en el hombro en gestos de comprensión.

Padre = Discutimos. Ay, no sé. Debí escucharla. ¡Que castigo tan grande... que caro que se paga!

Chelo = No se culpe. A veces sucede lo que tiene que suceder. Le guste a uno o no. Ella siempre decía eso.

Padre = Disculpame hijo. Disculpame.

Padre se retira, queda Chelo solo y pensativo desinflado, mirando hacia abajo.

<u>* 21. DÍA. INTERIOR OFICINA TRABAJO LORA *</u>

Madre = Guardá esta tarjeta (le entrega una). Andá a verlo apenas puedas, él necesita una persona bien aplicada como vos.

Lora = Mamá, no necesito otro trabajo, quiero éste.

Madre = No es que te despida porque se me ocurra, sino porque no puedo mantener a una sola persona más.

Lora = Está bien. Si es económico el problema trabajo tres días a la semana, como al principio. Con medio sueldo estoy bien.

Madre = Ves porque te digo que te falta madurar. Que no entendés que dentro de unos meses sino reducimos gastos caemos en quiebra.

Quiero que te salves, no que te hundas conmigo. No puedo despedir a las otras porque una es casada con dos hijos, la otra no tiene hijos pero su marido está desocupado, y la nueva, pobrecita, la que hace trámites, a ella también la voy a tener que dejar ir, igual que a vos. No podemos pagar, hija.

Lora = Bueno, no importa si no me pagás mamá, hagamos canje por el alquiler del departamento.

Madre = ¡Oh, pero que dura es tu cabeza, no es ese el caso!

* 22. DÍA. INTERIOR DPTO. LORA. *

Ana y Mari preparan la mesa en el comedor.

Ana = La madre es la Australiana, el padre es Argentino.

Mari = ¿y ella; y la narcisa?

Ana = Gaby es Argentina.

Mari = ¿De dónde!

Ana = (Levantando la voz) ¡De Santiago del Estero, nena; ya te lo dije!

Mari = ¡No me grités, sabés? Sobre que no me trajo los alfajores la otra, vos todavía...

Suena el portero, Ana y Mari corren.

Ana = ¡Gané yo!. (Por portero) ¿Quién es?

* 23. DÍA. EXTERIOR EDIFICIO LORA *

Gaby = Hola, ¿Ana, eres tú?

Ana (V.Off) = Sí, Gaby, pasá.

Suena chicharra. Ingresa Gaby.

* 24. DÍA. INTERIOR DPTO. LORA *

Mientras Ana cuelga el tuvo...

Mari = Sonsita la tuya, viene a la hora de comer.

Ana = Comportate, Mari. Y por sobre todas las cosas olvidate de los alfajores, querés.

BLOQUE 3

* 25. DÍA. INTERIOR BAR FACULTAD *

Chelo está sentado en el bar de facultad, indeciso de abrir el diario o no; lo mira, se hace sonar los dedos. No aguanta más e intenta abrirlo. Nancy aparece detrás de él, se sienta a la mesa, lo toma de las manos muy cariñosamente.

Nancy = ¡No!, no lo abras.

(Chelo sonríe al ser descubierto).

Nancy = Chelo, dame tu palabra de que no vas a abrir este diario por mera curiosidad.

Chelo = Está bien, está bien.

Nancy = En serio te digo. Abrilo en caso que necesites respuestas, no solo por curiosidad. Me lo prometés.

Chelo = (sonriente) Está bien. Solo cuando necesite respuestas. Por mi vida te lo prometo.

Nancy = (sonriente) Más te vale.

* 26. DÍA. INTERIOR BAR FACULTAD *

PC al asiento desocupado que ocupaba Nancy en la escena anterior. Chelo, que inspira profundamente, toma valor. Piensa para sí.

Chelo = Ay, cielo... quisiera saber muchas cosas. No por curiosidad. Necesito respuestas. Tengo que verlo.

PP Chelo abre el diario. Lo hojea, está todo vacío, sin una línea escrita. Chelo al principio no comprende. Piensa.

Chelo = ¿Vacío? Vacío.

* 27. NOCHE. EXTERIOR. EDIFICIO. TERRAZA *

PG a estrellas. Nancy y Chelo se encuentran acostados en el piso mirando las estrellas. La cámara los ha de tomar primeramente de frente, es decir, desde arriba. Chelo habla en tono de broma, él solo quiere abrazar y besar a Nancy, que muy seria termina enojándose y se aleja dejándolo solo.

Nancy = (V.Off. PG estrellas.) ¿Te preguntaste alguna vez porque el cielo es negro?

Chelo = No. Pero asumo que porque es de noche (sonríe).

Nancy = ¿Por qué será que vos y yo somos personas tan distintas? ¿Te lo preguntaste?

Chelo = Mm...¿será porque me tenés que dar un besito?

Nancy = En serio te hablo. ¿Qué maravilla, no? Mirá el cielo...

PG a las estrellas.

Nancy = ...¿Te diste cuenta el tremendo espacio vacío que hay? Casi todo es espacio vacío.

Chelo = (tratándola de besar) Ahá. Qué maravilla.

Nancy (Negándose) = ¿No me entendés, cierto!

Chelo = Sí linda, claro que sí. Dame un besito.

Nancy = ¡Ay, no! ¡Salí, dejame en paz! ¡No pensás en otra cosa vos!

Chelo = ¡Eh, esperá, adónde vas; que hice? ¡Nancy!

Nancy (a punto de llorar, se retira) = ¡Ya no sé qué hacer, nadie me entiende!

Chelo (Para sí mismo) = Bien, bien. Que tarado.

PG a las estrellas. Chelo no comprende; Niega con la cabeza.

* 28. DÍA. INTERIOR BAR FACULTAD *

Chelo queda algo anonadado. Habla para sí mismo, luego comprende, se retira sonriente con diario en mano.

Chelo = ¿Qué querías decir, cielo?

PP a las hojas del diario que Chelo las hace pasar.

Chelo = Lo llena todo. El vacío lo llena todo (pausa; piensa, sonríe). Claro. ¡Claro que sí!

* 29. DÍA INTERIOR OFICINA MADRE DE LORA *

Lora está lista para retirarse de la oficina resignada. Madre la acompaña a la puerta, le entrega un sobre.

Lora = Está bien. Si no hay nada más que hablar, me voy.

Madre = Todavía queda algo más. Tomá. Es tuyo (entrega el sobre).

Lora = Que es esto.

Madre = Adelanto de herencia. El departamento es tuyo. Basta de alquileres. Es tuyo.

Lora = Mamá, que cosas extrañas hacés. ¿Papá lo sabe; está de acuerdo?

Madre = Claro que sí. En el sobre está la dirección del escribano. Mucha suerte hija. Nos vemos.

Madre besa a Lora, la despide. Se retira a su escritorio y abre una carpeta para leer. Lora todavía sin comprender, mira a su madre que continúa con el trabajo como si nada. Lora se retira. Madre una vez que Lora sale, apoya su mano contra la barbilla y queda pensativa unos instantes mirando la puerta, asintiendo con su cabeza, como estando orgullosa de su hija. Luego continúa con el trabajo.

Mari = Bien hija. Bien. Esa es mi nena.

* 30. DÍA. INTERIOR DPTO. NANCY *

Ingresa Chelo al Dpto. de Nancy, se encuentra la puerta abierta. Padre de Nancy termina de ordenar unas cajas y guardar algunas fotos y cosas.

Chelo = (algo sonriente) Hola de nuevo.

Padre = Voy a ponerlo en alquiler.

Chelo = ¿Cómo?

Padre = Al departamento.

Chelo = Ahh.

Padre = Los estudiantes son cada vez más. Necesitan donde vivir.

Breve pausa, se miran.

Chelo = ¿Está mejor?

Padre = Sí. Digamos que sí. Aunque todavía no entiendo muchas cosas. Mi hija era muy valiente. Idealista, decente.

Chelo = Yo sí la comprendo. Aunque no la justifico, claro. (Breve pausa) Tenga, llévese esto (entrega el diario). Ábralo cuando necesite respuestas.

Padre = ¿Lo viste ya?

Chelo = (asiente) Creo que la vida es así. Llena de espacios vacíos (sonríe). (Se despide, le ofrece su mano). Que le vaya muy bien.

Padre = Chau hijo. Igual para vos.

Chelo va camino a la puerta. Padre queda mirando la tapa del diario.

Chelo = (Mientras sale) Ábralo cuando necesite respuestas. Las tendrá. Las tendrá.

Chelo sale. Padre queda mirando el diario, levanta la mirada, cierra los ojos suspirante. Guarda el diario y continúa con su trabajo.

* 31. DÍA. INTERIOR DPTO. LORA *

Ingresa Gaby al lugar, se saludan muy afectuosamente con Ana, que luego le muestra el departamento de un vistazo. Mari muy seria se cruza de brazos y finge simpatía. Se sientan a la mesa. Finalmente Mari acepta a Nancy.

Gaby = ¡Ani, tanto tiempo; cómo estás!

Ana = Bien, bien. ¿Cuándo llegaste? ¿Te fuiste mejor dicho?

Gaby = Sí. (A Mari) Hola Mari, como estás.

Mari = Bien, che. ¿Te fuiste a Australia?

Gaby = Sí, les cuento. Tuve unos días hermosos.

Ana = Mirá, no dijiste nada del departamento. Mirá que lindo.

Gaby = ¡Ay, pero que belleza! ¿De quién es?

Ana = De una amiga que estudia arquitectura.

Mari = (A Ana, a baja voz) Lora no es amiga nuestra.

Gaby = ¡Arquitectura; ay, sí, se nota, se nota!

Mari = (Para sí) Todavía no al menos. (A Gaby) Che, ¿me trajiste los alfajores que me prometiste?

Ana = ¡Mari!

Gaby = ¿Cómo? ¿Qué alfajores?

Mari = Nada, nada. Mejor nos sentemos a comer. (A Ana) Dale, serví. (A Gaby) Sentate loca, contanos como te fue.

Ana quiere comer a Mari con la mirada, pero al ver a Gaby casi bien recibida pone los platos y se dispone a servir la comida. Gaby se dispone a hablar.

* 32. DÍA. INTERIOR DPTO. CHELO *

Chelo ingresa con llaves en mano, algo pensativo. Laurita que está poniendo la mesa para almorzar, le toma el pelo para animarlo. Chelo la descubre y la persigue con sus manos en forma de garra; finalmente la atrapa y le hace cosquillas jugando y riendo.

Chelo = Hola Lauri.

Laurita = ¿Hablás ahora?, pensé que se te había pegado la lengua con un chicle o algo. Te vino a buscar Eduardo hace un rato.

Chelo = Que dijo.

Laurita = ¡Que te jodas!

Chelo = ¿Cómo?

Laurita = Eso, que te jodás.

Chelo = ¿Como que me joda?

Laurita = ¡Y qué se yo, nene, si no sabés vos?

PP a Chelo pensativo.

Laurita = Y vino también la vecinita nueva de arriba, una tal Mari que estudia medicina, dice que te conoce, que cursaron juntos el año pasado.

Chelo = ¿Quién?

Laurita = Mari. Una gordita. La debés conocer, dice que estudiaron juntos un par de materias en la casa del Edu.

Chelo = Ah, sí. Me acuerdo. Y que dijo.

Laurita = Que te jodás, también.

Chelo = ¿Que me joda?

Laurita (tentada de risa) = ¡Sí, nene, que te jodás!

Chelo = ¿Vos me estás tomando el pelo a mí?

Laurita = (sonriente con brazos al cielo) ¡Buá, se dio cuenta; por fin, por fin!

Chelo = ¿Sos una mocosa sinvergüenza, sabías? Vení acá. Grrr... Grrr...

Laurita = ¡Ay, no; cosquillas no!

Chelo = ¡Síii; vení acá... grrr... hasta que no te hagás pis no te suelto; grrr!...

Laurita = ¡Ay, ay, no!;... era una bromita; ¡Chelo, era una bromita; aaaahh!

Chelo y Lauri al pasar por una mesa o estante, la cámara queda detenida en PP donde se encuentra una foto de Chelo, Lauri y Nancy sonrientes, abrazados como buenos amigos.

* Títulos, música.

****

PROTAGONISTAS NUEVOS :

Madre de Lora = Light. Moderna. 50 años. Mujer de negocios.

Madre de Nancy = 50 años. Agradable.

Gaby = Tonada Santiagueña.

Extras en Of. de Madre de Lora = Secretaria1 y 2.

Extra en Sepelio. Sacerdote (V.Off).

Extras en Bar y parque o plaza = Transeúntes varios en segundo plano.

ESCENOGRAFÍA NUEVA

Frente ascensor.

Oficina de madre de Lora (primera y segunda).

Bar estudiantil.

EXTERIORES NUEVOS

Plaza o parque.

Cementerio o parque.

Terraza Edificio.

Jardín de vacaciones.

- * -

CAPÍTULO 3

SECRETOS DE FAMILIA

BLOQUE 1

<u>* 1. DÍA. INTERIOR DPTO. DE LORA. DORMITORIO ANA Y MARI. *</u>

Recién comienza el día, Ana y Mari duermen. Suena un despertador marcando las 8. Ana lo apaga, se levanta, despierta a Mari, que se sienta en la cama a bostezar y a hacer posturas graciosas con su cabeza y brazos para despertarse.

(Bip despertador)

Ana = Mari. Las 8. Mari.

Mari = (Tono de broma) Sí, mi reina.

Ana = Vamos. Levantate.

Ana sale. Mari se levanta con ambas manos tapándose la cara dispuesta a salir de la habitación, cuando escucha que alguien la llama desde su cama...

Musculoso = Tshi, tshi.

Mari un poco que no puede creer lo que ve. Está asombrada, maravillada. Es un hombre musculoso que la invita a seguir durmiendo.

Musculoso = Un ratito más. Dale.

Mari piensa para sí y se tira de nuevo a la cama abrazando la almohada fuertemente como si fuera el musculoso y se acomoda para seguir durmiendo.

Mari = Má, sí. Después de ésta no hay otra. ¡Ahh, que placer!

<u>* 2. DÍA. INTERIOR DPTO. DE LORA. COCINA. *</u>

Lora se encuentra en la cocina preparando el desayuno, Ana ingresa.

Lora = Buen día.

Ana = Ho.. (Bosteza). Disculpá. Hola Lora.

Lora = Vieron tele hasta tarde anoche.

Ana = Sí. Una película con Mel Gibson (suspira). ¡Ay, que ojos, papito!

Lora queda tentada de la risa. Ana la observa que Lora está vestida como para salir.

Ana = Ya estás lista vos. ¿A qué hora entrás al trabajo?

Lora = No trabajo más, te cuento.

Ana = ¿No? ¿Porqué, que pasó?

Lora = Me echaron.

Ana = ¡En serio!

<u>* 3. DÍA. INTERIOR DPTO. DE CHELO. AMBIENTE - DORMITORIO. *</u>

* NOTA: Prestar una especial atención a los numerosos detalles de actuación y filmación, ya que en esta escena se pretende demostrar una perfecta sincronización entre los dos hermanos.

Chelo duerme en el ambiente sobre un sillón cama. Suena despertador marcando las 8.05. Chelo se levanta, deshace la cama rápidamente haciéndola sillón. Se dirige al dormitorio que se encuentra con la puerta semiabierta y despierta a Laurita sacudiéndola un poco. Chelo sale hacia el ambiente, entra al baño.

Laurita se levanta chocándose graciosamente con las cosas dando con los hombros aquí y allá, sale de la habitación hacia el ambiente rumbo a la cocina... enciende la radio (Sponsor). Saca algunas cosas de la heladera, helado, jugo, cereales, dulce, pan, una botella con agua (Sponsors), coloca todo sobre la mesa mientras bosteza.

Toma algunas frutas de un frutero y comienza a cortarlas rápidamente. Toma una servilleta, se seca las manos mientras camina hacia el baño, Chelo sale, se cruzan sin chocarse, Laurita le entrega la servilleta, Chelo se la coloca al hombro, Laurita entra al baño, Chelo continúa preparando el desayuno...

...Toma agua. Pone las frutas en una licuadora que enciende echándole antes un poco de agua. Pone vasos, los llena de jugo, pone helado en compoteras que carga con cereales. Apaga la licuadora, pone el licuado sobre helados y cereales. Pone dulce al pan mientras bosteza, luego los pone sobre un plato.

Lauri sale del baño, ambos se sientan a la mesa al mismo tiempo y con movimientos similares comienzan a desayunan mientras se miran como si conversaran en silencio.

Chelo explica con su mirada y gestos (mínimos) y Laurita niega. Bostezan juntos. Laurita pregunta algo en silencio, y con Chelo asienten juntos.

* 4. DÍA. INTERIOR DPTO. DE LORA. *

Ana y Lora salen de la cocina conversando mientras traen el desayuno para todas a la mesa. Ana finalmente se dirige a la habitación en busca de Mari.

Ana = ¿Pero no te dio ninguna explicación?

Lora = Me dijo que tenía que madurar.

Ana = Que mala madre. Disculpame que sea la tuya, pero como le va a hacer eso a su hija.

Lora = De mamá no me extraña mucho, sabés. Ella siempre hizo cosas insólitas. Desde chica, me acuerdo que aunque parecía totalmente loco lo que hiciera, al tiempo, estaba en lo cierto, no se equivocaba. Bueno, al menos así lo veía yo. No sé, puede ser sugestión de hija, que cree que su madre hace todo bien.

Ambas se sientan a desayunar, se dan cuenta que Mari no está. Ana pega un grito para llamar a Mari, hace que Lora que encoja un poco sus hombros y arrugue la cara. Ana se da cuenta poniendo los dedos sobre su boca, pide disculpas sonriendo tontamente y decide levantarse de la mesa e ir en busca de Mari.

Lora = ¿Y Mari?

Ana = ¡Maarii! Oh, disculpá. Estamos en un departamento, me olvidé. Mejor la voy a buscar. Permiso.

* 5. DÍA. INTERIOR DPTO. DE CHELO *

Chelo y Laurita continúan conversando sin hablarse. Chelo explica con su mirada y gestos y Laurita niega. Chelo insiste, Laurita opina distinto, explica. Chelo insiste otra vez, esta vez más serio. Finalmente

Laurita rompe el silencio mientras ambos se ponen de pie y abandonan la mesa.

Laurita = Está bien, hablemos.

* 6. DÍA. INTERIOR. GIMNASIO. *

Amigo de Padre de Chelo se encuentra limpiando el lugar, mientras suena un teléfono en Off. Se dirige a él y atiende. Escucha lo que supuestamente le dicen del otro lado, llama al padre de Chelo de un grito. Deja el tuvo. Sale del cuadro.

Amigo = Gimnasio, buen día (escucha). Espere un momento, por favor. ¡Chelo! ¡Teléfono!

Padre de Chelo (también llamado Chelo) deja de limpiar unos espejos y se dispone a atender. Entra en el cuadro; levanta el tuvo.

* 7. DÍA. INTERIOR GIMNASIO-DPTO. CHELO. *

En esta escena, el director habrá de intercambiar tomas entre el gimnasio y el Dpto. de Chelo.

Padre = ¿Hola?

Laurita = ¡Hola pá!

Padre = ¡Hija! Hermosa mía, como estás.

Laurita = Bien. Como estás vos.

Padre = Muy bien hija. Gracias. ¿Recibiste el mensaje que dejé con tu abuela?

Laurita = Sí, pá. Acá te doy con Chelo.

Padre = Bueno mi cielo, gracias. ¿Cuándo vas a venir a visitarme?

Chelo (Serio) = Hola papá.

Padre (Serio) = Hola mijo. Como estás.

Chelo = (V.Off a través del teléfono) ¿Querías hablarme?

Padre = Sí. Me gustaría que nos juntáramos a almorzar uno de estos días. Hoy si es posible.

Chelo = Para qué. No podés decirme por teléfono. Eso de dejar mensajes en la abuela no te parece un poco ridículo. Sabés que tenemos teléfono, porque no hablás vos.

Padre = Es un asunto muy serio. Tenemos que vernos personalmente.

Chelo = No creo que sea posible, tengo mucho que estudiar.

Laurita = (a Chelo) ¿No seas estúpido, querés; no le contestés así!

Chelo = No tengo tiempo para andar de visita.

Padre = Lo quieras o no, vas a tener que hacerte un tiempo. Se trata de tu madre.

Chelo escucha en Off por el tuvo del teléfono, se aleja unos centímetros de Laurita lo más disimuladamente posible, pero Laurita intuye que algo no está bien.

Padre (V.OFF) = No le digas nada de esto a tu hermana, por favor. Tampoco la traigas. La reunión es solo entre vos y yo.

Laurita (A Chelo) = ¿Qué pasa, Chelo; Chelo!

<u>* 8. DÍA. INTERIOR DPTO. LORA. *</u>

Ana viene del dormitorio con Mari discutiendo. Lora termina de tomar el té rápidamente y se levanta para irse mientras muerde una tostada. Mari va al baño.

Ana = ¡Si seguís comportándote como una idiota no vas a ver más televisión de noche!

Mari = ¿Porqué; que hice tan grave; me dormí, loca!

Ana = ¡Tenés que estudiar! ¡Tenés que levantarte temprano! ¡Cumplí con tu deber!

Mari = ¡Que deber, que deber! ¡No puedo estudiar con sueño!

Ana = ¡Aguantatelá! ¡Yo también tengo sueño! ¿A dónde vas!

Mari = Voy al baño.

Ana = ¡Apurate!

Lora = No seas tan dura, Ana. No es para tanto. ¿Quién es la mayor? (sonríe).

Ana = (preocupada) Disculpá... es que...

Lora = Sí, es un poco vaga. Me di cuenta. Pero más vale su corazón. Nunca lo pierdas de vista (se levanta).

Ana = Sí, es cierto. ¿Te vas Lora?

Lora = Sí, voy a ver un trabajo nuevo que me recomendó mi mamá.

Ana = Mamá aprieta pero no ahorca, ¿no?

Lora = Más le vale; chau (sonríe, da un beso a Ana para despedirse).

Mari sale del baño reclamándole a su hermana la toalla, hace unos pasos hacia el dormitorio, suena el portero, Ana y Mari corren; Ana gana.

Lora sonríe, da un beso a Mari; Lora saluda de nuevo a Ana con la mano, sale.

Mari = Ana, no hay toalla.

Ana = Esperá, ya te doy una.

Mari = ¿Te vas, Lora?

Lora = Sí, mamita. Ya es tarde. Chausito.

Mari = Chau.

Suena el portero; carrera de Ana y Mari

Ana = ¿Sí, quién es?

* 9. DÍA. EXTERIOR EDIFICIO DE LORA. *

Gaby = ¿Ana, eres tú?

Ana = (V.Off por portero) Sí, Gaby, pasá.

Suena chicharra. Ingresa Gaby.

* 10. DÍA. EXTERIOR EDIFICIO LORA *

Chelo y Lauri bajan las escaleras mientras Gaby sube y apenas cruzan miradas con Chelo, que le parece alguien conocida o algo conocido en ella, apenas voltea la cabeza para mirar a Gaby con curiosidad, Lauri lo codea. Chelo se sonroja al pensar que Gaby podría escuchar el comentario de su hermana; le pide silencio. Salen del edificio.

Laurita = Que raro que la abuela no nos haya dicho nada. Si a mamá le pasara algo yo lo sabría, lo sentiría. ¿Y papá porqué quiere yo no me entere, que tan serio puede ser el asunto? ¡Te estoy hablando, che!

Chelo = Ay, qué, que pasa.

Laurita = ¡Dejá de mirar mujeres; siempre igual vos!

Chelo = Shh.

Laurita = Que me importa que escuche.

Gaby se da vuelta para mirar a Chelo con sonrisa y suspiro. Mientras sube, baja Lora, se saludan con un simple hola y ambas continúan su camino.

Lora = Hola Gaby.

Gaby = Hola.

BLOQUE 2.

<u>* 11. DÍA. INTERIOR. DPTO. DE LORA *</u>

Ana le sirve el desayuno a Mari. Recibe luego a Gaby y la invita a la mesa. Mari la saluda disimulando su disgusto.

Mari = (saliendo del baño y secándose la cara) ¿Por qué viene tan temprano?

Ana = Porque tenemos que estudiar. Dale, sentate. Y no jodás más con los alfajores, querés.

Mari = Sonsita la tuya. Ayer vino a comer, hoy viene a desayunar. ¿Qué va a hacer mañana, venir a dormir!

Ana = Mari, por favor. Comportate.

Golpean la puerta, breve pausa, luego suena el timbre. Ana atiende.

Mari = Decile que tenemos timbre, ahora. (suena el timbre) Ah, qué bien; escuchó a través de la puerta. ¿No nos estará espiando por el huequito!

Ana le hace gestos de silencio a Mari, mientras le ruega con la mirada que se comporte. Gaby ingresa, saluda a Ana y luego a Mari; se sienta, saca unas carpetas y apuntes de su bolso.

Gaby = (Alegre) Hola. Buen día. (Mira su reloj) Oh, creo que llegué una hora más temprano.

Ana = Mejor, así estudiamos más. Pasá, sentate.

Gaby = Hola Mari.

Mari = (Seria, desganada) Que tal.

Ana = ¿Desayunaste? ¿Querés un café o un té?

Gaby = Bueno. Gracias Ani. Un cafecito, plis.

Mari mira de reojo a Gaby conteniéndose de no hablar nada. Gaby saca de su bolso una caja de alfajores, se los entrega a Mari, que los recibe seria.

Gaby = (sonriente) Mari, mira lo que tengo para ti. ¡Alfajores!

Mari = Gracias.

<u>* 12. DÍA. INTERIOR. GIMNASIO. *</u>

Padre de Chelo termina de sacar algunas cuentas y se prepara para irse, deja de encargado a su amigo. Ambos expresan buen humor.

Padre = Ya no vuelvo hoy, sabés. Dejo todo en tus manos. Hacé de cuenta que sos mi socio.

Amigo = Bueno, gracias; que atento. ¿Me deja limpiar los baños antes de cerrar, señor?

Padre = Sí, por favor. ¡Y dejá de hacerte el boludo que hace como un mes que me hacés limpiarlos a mí! (sonríe, se perfuma).

Amigo = ¿Alguna cita importante? ¿Alguna alumna, quizás, tal vez?

Padre = No. Hoy voy a almorzar con mi hijo. Y si tengo suerte, traerá a su hermana. (Gestos con las manos) Son así de cuñas los dos. Aunque le dije que no la trajera.

Amigo = ¿Así que se llevan bien, che?

Padre = Quien.

Amigo = ¡Tus hijos! (Despeina a Padre) ¡Pensá, pensá, no te enbobés!

Padre = ¡Pará, que hacés!

Amigo = Tratá de hacer las pases con el Chelito.

Padre = Si es que me deja.

Padre da un abrazo a su amigo y se retira algo nervioso, aunque haciendo bromas. Amigo finge tirarle una patada de despedida y gritarle por detrás.

Padre = Chau, socio. Nos vemos mañana. Deseame suerte.

Amigo = Mucha suerte viejo. Que todo te salga muy bien.

Padre = Chau. Y Limpiá los baños.

Amigo = ¡Pero, rajá de acá! (sonríe). (Serio) ¡Y más vale que hasta mañana no volvás, sabés! (sonríe, sale de cuadro).

<u>* 13. DÍA. EXTERIOR. INTERIOR TAXI. *</u>

Chelo y Lauri discuten. Algunos planos al conductor que mira por el espejo son sugeridos, así como también breves fracciones desde afuera del vehículo.

Chelo = Me dijo que no te llevara.

Laurita = ¿Pero qué le pasa a mamá, porqué tanto misterio!

Chelo = No puedo decirte nada más.

Laurita = ¿Como que no! ¡Todo tenés que decirme; todo!

Chelo = ¿Pero que no entendés que no sé nada más! ¿Qué querés que te diga!

Laurita = Dale Chelo, Porfa. Hicimos un trato. O ya no te acordás.

PC a Chelo como recordando el trato con Lauri.

<u>* 14. DÍA. INTERIOR. DPTO CHELO. *</u>

Lauri enojadísima revienta platos contra el suelo y cerca de Chelo cuando se acerca. Chelo logra acercarse y abrazarla; Laurita rompe en llanto. Chelo se escupe en la mano al igual que Lauri y sellan el trato abrazados y sonrientes.

* Sugerencia: los actores deberían representar dos años menos.

Laurita = ¡Porqué me lo ocultaste! ¡Él también es mi padre! ¡No tenías ningún derecho!

Chelo = No podía decirte. No lo sabía.

Laurita = ¡Mentira, mentira! ¡Crees que soy una nena todavía! ¡Estúpido, estúpido, estúpido!

Chelo = ¡Ay, cuidado! ¡Pará, pará con eso! (logra abrazar a Laurita).

Laurita (rompe en llanto) = Yo también quería ir a verlo.

Chelo = Ya vas a ir. Yo te voy a llevar.

Laurita = ¿Cómo está él; a dónde lo llevaron?

Chelo = Ya te voy a contar. Todo te voy a contar. No más secretos.

Laurita = No te creo, sos un mentiroso (Trata de zafarse).

Chelo (la retiene) = Esperá, vení acá; esperá un poco. Hagamos esto (se escupe en la mano). Esta es mi palabra de hombre. ¿Hacemos el trato? Palabra de hombre (le ofrece su mano).

Laurita = (Escupiéndose en la mano) Palabra de mujer.

Chelo = ¿No más secretos?

Laurita (puchereando y dándose la mano en PP) = Que así sea.

* 15. DÍA. EXTERIOR. INTERIOR TAXI *

PC al taxista que los mira por el espejo. Chelo accede a contarle a Lauri.

Laurita = Chelo; porfa.

Chelo = Es un asunto muy serio; aunque no sabemos muy bien que le pasa. Puede ser mental, emocional, estrés, que se yo. Es todo, ya lo sabés. Ahora prometeme no vas a entrometerte para nada.

Laurita = Está bien. Es un trato. Cuando te fallé antes.

Chelo = Mas te vale.

PC al taxista que los mira por el espejo. Chelo lo mira. Taxista vuelve a mirar. Chelo lo mira otra vez como diciendo que no mire. Taxista comienza a silbar en tono alto. Chelo mira a Laurita satisfecho y con gesto triunfal, como diciéndole "ya le voy a dar a éste".

*16. DÍA. INTERIOR. DPTO.DE LORA. *

Ana y Gaby estudian. Mari ve sin ganas televisión una película en inglés (sale en Off) mientras come alfajores. Mira de reojo lo que hacen Ana y Gaby; sobre todo las expresiones pedantes y altaneras de Gaby. Ana se da cuenta, reta a Mari para que baje el volumen reiteradas veces y se vaya a estudiar, pero Mari en vez de bajarlo lo sube por cada vez que Ana la reta.

* Los planos son abundantes a medida que se hace insostenible la situación y las actrices levantan la voz al subirse el sonido en off del tele por capricho de Mari.

Gaby (lee de apunte) = En materia de jurisdicción internacional, rige el llamado "principio de la máxima generosidad", según Goldmith.

(PP a Mari subiendo el volumen)

Gaby = Pero en realidad, son tantas las excepciones a este principio que no es aparentemente tan generosa la regla.

Ana (Interrumpe, comenta) = Esperá Gaby, esperá. (A Mari) Bajá un poquito, Mari. (A Gaby) ¿Que no habíamos quedado que el arbitraje internacional depende del código interno de cada país?

(PP al control y a Mari, subiendo el volumen).

Gaby = Así es.

Ana = ¿Y entonces?

Gaby = Dejame concluir y lo leemos de nuevo. OK?

Ana = Bueno. (A Mari) Bajá un poquito, Mari. ¡Mari!

Mari = Que.

Ana = Bajá un poquito te dije.

Gaby = El arbitraje internacional depende del código interno de cada país. ¿Vamos bien?

(PP al control, a Mari subiendo el volumen y a Ana queriendo comerla con los ojos)

Gaby = En el proceso arbitral, se fija primero un árbitro; ¿obvio, no?

(PP al control y a Mari subiendo el volumen)

Gaby = Si hay problemas entre países, se lo llama a este señor para que medie. ¿Entiendes?

Ana y Mari que se miran. Mari sube el volumen a propósito; Gaby se exaspera un poco.

Ana (tono advertencia) = Mari, bajá eso.

Gaby = Para que haga me-dia-ción, que en la jerga internacional se le llama ar-bi-tra-je (sonríe tontamente).

(Mari sube más el volumen)

Ana = Sí, eso sí lo entiendo, pero lo que no sé, es como se establece la jurisdicción. (A Mari) ¡Mari, bajá!

(Mari sube el volumen)

Gaby = La jurisdicción, se establece por el punto de conexión.

(Mari sube el volumen)

Gaby = De ahí salen si es "Jurisdicción Directa o In-di-rec-ta". El señor Arbitro determina eso.

Ana (a Mari) = ¡Que te pasa me querés decir? ¡Dame eso!

Ana quita el control a Mari, apaga el tele y lo tira ofuscada sobre la mesa.

Ana (a Mari) = ¡Porque te comportás como una imbécil! ¡que no ves que estamos estudiando, retardada!

Mari sale del Dpto. llorando. Ana se arrepiente, se le parte el corazón; sale por detrás de Mari.

Ana (a Mari) = Mari. Mari, esperá. A dónde vas. Mari.

Gaby queda sentada en la mesa muy preocupada por lo sucedido mientras come un alfajor del paquete de Mari. De pronto algo recuerda y vuelve a hojear el apunte sin ninguna otra preocupación.

* 17. DÍA. INTERIOR CONSULTORA *

Lora llega a la oficina nueva. Dos secretarias se encuentran trabajando. Una hablando por teléfono, otra en la computadora. Lora se acerca a una de ellas que amablemente la atiende.

Secre1 = Hola. En que la puedo ayudar.

Lora = Buen día. Quisiera hablar con (lee de una tarjeta personal) el Señor Peinado, por favor.

Secre1 y 2 cruzan sus miradas con picardía.

Secre1 = El señor Pelado (se tapa la boca con las manos para no dejar salir una carcajada explosiva, que si lo hace secre2) Oh, perdón. El señor Peinado era pelado, por eso (se tienta de reírse, se controla)... disculpe por favor, no vaya a pensar que...

Lora = No, está bien. No lo conozco. Debe ser una broma entre ustedes.

Secre1 = Ay, gracias a Dios. Sí, es una broma privada entre nosotras. Disculpe. Él señor Peinado no trabaja más aquí. Puedo ayudarla en algo.

Lora = Sí. Vengo de parte de... (Mira a las secres 1 y 2)... Podría hablar con el gerente por favor. Necesito presentar un curriculum. Vengo con altas recomendaciones.

Secre1 = Espere un momento; veré si la puede atender. Tome asiento, por favor.

Lora = Gracias.

Se miran con la otra secretaria que hace un gesto sobre su cabeza, como riéndose de la broma anterior. Secre1 se retira a otra oficina conteniéndose lo más posible su carcajada. Lora toma asiento y observa a la otra secretaria que no puede contenerse de la risa y opta por tirar algo al suelo para agacharse y reírse sin que Lora la vea, aunque si la escucha y comparte su gracia sintiéndose más cómoda en el lugar.

* 18. DÍA. EXTERIOR BAR. *

Llegan Chelo y Laurita a la puerta de un bar (Sponsor), se bajan del vehículo; Padre los espera, paga al conductor, abraza a Laurita, da la mano a Chelo, entran en bar.

* 19. DÍA. INTERIOR BAR. *

Ingresan al Bar, toman asiento. Laurita de la mano con su Padre, ríen de algún comentario. Chelo muy serio intenta hablar pero llega el mozo y Padre sugiere a los hermanos que elijan de una carta mientras sigue comentando algo y Laurita ríe. Chelo lee la carta serio y el mozo espera. Padre da un beso en la frente a Lauri muy alegre.

BLOQUE 3

* 20. DÍA. EXTERIOR EDIFICIO LORA. *

Ana alcanza a Mari al terminar las escaleras, en planta baja.

Ana = Mari. Mari, esperá un poco, che. ¿Me querés decir que te pasa! ¿Qué comportamiento es ese de no dejarnos estudiar!

Mari está muy angustiada. Caen unas lágrimas de su rostro. Ana acaricia el rostro de Mari. Le habla con paciencia para hacerla entrar en razón.

Ana = Mari. Que pasa. Que hice mal.

Mari = La preferís a ella que a mí.

Ana = Pero no, sonsa, de donde sacás eso. Sos mi hermana, como voy a preferirla a Gaby que apenas la conozco.

Mari = Entonces por qué me ignorás así, cruelmente.

Ana = Ohh, pero que exagerada. Cruelmente. Estoy estudiando, que querés que haga, que vea televisión con vos todo el día y noche. No puedo Mari. No seas injusta conmigo.

Mari = (Breve pausa). Soy muy tonta, cierto.

Ana = Querés acabarla. Vamos, subamos (intenta tomar a Mari de un brazo pero se le zafa).

Mari = Yo sé que vos no me ves así. Pero todos dicen que soy retrasada.

Ana = Mari...

Mari = Hasta en la facu nadie quiere estudiar conmigo...

Ana = Mari...

Mari = ...porque dicen que yo no entiendo nada, que soy muy estúpida.

Ana = ¡Mari, querés acabarla!. Escuchame bien. ¡No existe la gente estúpida, tonta o retrasada; hay quienes aprenden más rápido que otros, pero no hay gente estúpida, me oís?

Mari = ¿Entonces por qué yo empecé a estudiar dos años antes que vos y ahora vamos iguales!

Ana = Porque no te ocupás lo suficiente. Sos muy vaga para estudiar, y chiquilina, también. Pero eso no quiere decir que seas estúpida.

Mari = (Breve pausa) Lo decís para conformarme.

Ana = No, no es cierto. Que gano yo con conformarte. A ver, que gano yo.

Mari = (breve pausa) ¿En serio me decís?

Ana = Sí, Mari. En serio te digo.

Mari = ¿Vamos a ver tele a la noche?

Ana = (sonríe de alivio) Sí, loca. Vamos. Subamos. Pero dejame estudiar. Llevate el tele a la pieza si querés.

Mari = (puchereando) Bueno. (Recuerda algo) ¡Los alfajores! ¡La narcisa me va a comer todos los alfajores! (sube corriendo).

Ana se sonríe al verla mejor a Mari y moviendo la cabeza sube detrás de ella algo agotada pero a paso rápido por pedido de Mari.

Mari = ¡Dale, vamos; los alfajores!

* 21. DÍA. INTERIOR OFICINA JEFE *

Entrevista. Empleador (Jefe) recibe a Lora en oficina privada mirándola curiosamente de arriba a abajo sin que Lora lo perciba directamente.

Jefe = Pase. Como le va. Tome asiento.

Lora = Muy bien. Gracias.

Jefe = Entiendo que usted quería hablar con el señor Peinado.

Lora = Sí. Quería dejarle mi curriculum y una carta de presentación de mi empleo anterior (entrega una carpeta)... Hago diseño gráfico, manejo procesador de textos, planilla de cálculo, tengo experiencia comprobable en diseño de Web Sites (Web Sáits)...

Jefe = (Lee de la carpeta) Lorena... ¿Usted es hija de Julia?

Lora = Sí, así es.

Jefe = La esperábamos. El señor Peinado dejó altas recomendaciones para usted. Además, su madre tal vez sea la más talentosa rival publicitaria que hemos tenido. Pero amiga nuestra.

Lora = (sonriente) ¿Ah, sí? En ese caso me alegro mucho.

Jefe = Que estudia usted.

Lora = Arquitectura.

Jefe = En que año está.

Lora = En quinto.

Jefe = ¿Es soltera?

Lora = Sí.

Jefe = ¿Tiene novio?

Lora = ¿Cómo?

* 22. DÍA. INTERIOR BAR. *

Padre y Lauri ríen. Chelo está serio.

Chelo = Disculpen, no quiero ser agua fiestas. Pero me gustaría ir al grano.

Laurita = ¡Siempre igual, vos, eh?

Padre = Hijo, yo sé que hice mal. Y no puedo deshacer lo hecho. Porqué te cuesta tanto perdonarme.

Chelo = Sobre el robo, no tengo nada que decir. Sé que lo hiciste para salvarnos. Pero me hubiese gustado que mamá...

Padre = No podía, hijo. Como querías que lo impidiera. Estaba preso.

Chelo = Ya te dije que entiendo lo que hiciste.

Laurita = Sos muy duro, Chelo. Si te pasara a vos qué harías, eh.

Padre = Fue un accidente. No quise hacerlo.

Chelo = No, no es eso de lo que hablo.

Padre = Claro que sí. Errás siempre porque pensás que lo pude haber evitado.

Chelo = Que me importa a mí si lo hiciste a propósito o no.

Laurita = ¡Mentira, estás mintiendo, Chelo!

Chelo = ¡No me levantés la voz, mocosa!

Padre = Hijo, calmate.

Chelo = (se levanta para irse) No se puede hablar con ustedes. Me voy.

Padre = (suave pero con autoridad) Esperá. Sentante.

* 23. NOCHE. INTERIOR GIMNASIO. *

Padre cae al suelo sobre unas pesas. Ladrón (con máscara) toma del cuello a Padre, y lo levanta; Padre empuja a Ladrón y este cae y se golpea la cabeza con unas pesas. Padre nervioso toma el teléfono.

Padre (V.Off) = La noche que nos robaron, créanme que no tuve intención ni siquiera de salvarme a mí mismo. Fue simplemente una reacción. No lo pensé.

* 24. DÍA. INTERIOR BAR. *

Padre = Fue un accidente. Yo no lo maté. Él se cayó y se golpeó la cabeza.

<u>* 25. NOCHE. INTERIOR GIMNASIO. *</u>

Padre se acerca al Ladrón y le quita la máscara. Llegan Madre, Chelo y Laurita, ven horrorizados la escena. Madre los saca del lugar mirando con reproche a Padre.

Padre (V.Off) = Llegaron ustedes justo en el momento en que yo le quitaba la máscara, y nos dimos con que era mi ex-socio. Yo no lo sabía. Aunque todos ustedes pensaron que lo maté a propósito porque le debía dinero y armé todo el show.

(Se oye sirena de policía).

<u>* 26. DÍA. INTERIOR BAR. *</u>

Padre = Esa es mi verdad. Estuve casi dos años detenido. La justicia finalmente me creyó. Aunque la madre de ustedes no. Y dice que por eso se fue del país, cosa que no es cierto, se fue porque quiso, no por mí. Y ahora ella vuelve con serios problemas, y no puedo ayudarla si ustedes no me creen, si no confían en mí.

Laurita = Yo siempre te creí, papá.

Padre = Vos sí, mi cielo (abraza y besa a Laurita). A quien crees vos, hijo. A tu madre o a mí. Cuál es tu versión de la verdad.

<u>* 27. DÍA. INTERIOR OFICINA JEFE *</u>

Jefe = No me malinterprete. Es de mi interés conocer bien a mi equipo. No tengo otras intenciones, se lo aseguro. Responda, ¿tiene novio?

Lora = (mintiendo) Sí.

Jefe = Vive usted con sus padres.

Lora = (mintiendo) Sí.

Jefe = Tiene alguna otra fuente de ingresos.

Lora = No. Ninguna.

Jefe = Por qué no trabaja más con su madre.

Lora = Mm... digamos que he decidido madurar; involuntariamente.

Jefe = Se ha quedado de año alguna vez en su carrera.

Lora = No.

Jefe = Y en la primaria o secundaria.

Lora = No. Tampoco.

Jefe = En la facultad alguna vez ha comprado algún examen.

Lora = ¡Claro que no!

Jefe = (algo sonriente) De que tiempo dispone para este trabajo.

Lora = Medio día.

Jefe = Sueldo pretendido.

Lora = 500 pesos.

Jefe = Muy bien. Llene por favor esta ficha (se la entrega) Tómese estos días que restan de la semana de descanso y si está de acuerdo con $400 mensuales, preséntese el lunes a trabajar.

Lora sonríe y suspira de alivio y gratitud.

* 28. DÍA. INTERIOR DPTO. DE LORA. *

Mari ingresa abruptamente al dpto., encuentra a Gaby comiéndose uno de los últimos alfajores del paquete con mucha cara de susto al ser descubierta. Mari se acerca a ella rápidamente, Gaby apresurándose termina de tragarse cómo puede el que tiene en sus manos. Ambas manotean los últimos dos del paquete. Ingresa Ana, encuentra a Gaby y Mari una frente a la otra con cara de desafío mientras ambas abren y comen sus respectivos alfajores.

Finalmente Ana deshace la disputa, Mari se retira a la habitación llevándose el televisor mientras Gaby le hace gestos de burla. Ana reta a Gaby, para quedar finalmente frente a la cámara algo agotada, despeinada, pero sonriente.

Ana = ¿Qué les pasa ahora?

Mari = (con boca llena) Ella me comió todos los alfajores.

Gaby = (con boca llena) Tú te fuiste. Y son míos además, yo te los regalé.

Mari = Si me lo regalaste son míos, no tuyos...

Ana = Basta.

Mari = ...¡no tenés derecho, sabés narcisa!

Ana = ¡Basta, dije!. Mari a la pieza. Vamos, llevate el tele. (A Gaby) ¡Y vos dejá de hacerle burla, querés! Abrí el apunte, ¡vamos! (Frente a la cámara, algo agotada pero sonriente) pobrecita, ay de mí.

*

PERSONAJES NUEVOS :

Musculoso = Fornido. Lo más modelo posible.

Amigo de Padre de Chelo = Similar padre, pero con barba.

Taxista = Por lo general se verán solo sus ojos; que sean claros.

Ladrón en gimnasio = Similar padre de Chelo.

Padre de Chelo = 50 años. Fornido. Hombre de Gimnasio.

Secre1 y 2 en oficina publicitaria = Elegantes, 30 años promedio.

Mozo en bar = Sin sugerencias.

Jefe = 40 años, delgado, apenas con un toque afeminado.

ESCENOGRAFÍA NUEVA

Dormitorio dpto. de Chelo.

Gimnasio.

Oficina publicitaria. Segunda oficina.

Bar.

EXTERIORES NUEVOS

Taxi (ciudad). Bar.

- * -

Sobre las IAs

Este tema, también lo he comentado en otro de mis libros, es interesante, y sumamente práctico para nosotros a todo nivel. Tanto para escribir una historia, un libro base, un guion, buscar información precisa sobre hechos pasados e hipotéticamente futuros, y hasta para localizar sponsors y aprender más sobre técnicas de comercialización.

Trabajo con dos inteligencias artificiales, bard.google.com, que es de Google, y con Bing, que es de Microsoft; para utilizar este último, tiene que ir a Bing.com/chat. Pero hay más IAs, búsquelas así: komo.ai, otra que se llama: pi.ai, y otras recomendadas: perplexity.ai, y la clásica: chat.openai.com, más una que me llamó la atención por sus utilidades extrañas: aichatting.net/es/. En esta última, me puse de novio con Sofía, que es un módulo, madura y juguetona novia, para hacer cada momento especial. Acompañan a Sofía, otros personajes, amigos, gente famosa, por ejemplo, podría chatear con Michael Jackson, Sócrates, Napoleón, el señor Musk, hasta tener una sesión con un astrólogo o psicólogo, entre muchos otros, como Tony Stark o el Capitán América.

Un ejemplo. Ingrese a Bard con su cuenta de Google, realice las siguientes preguntas.

— Hola, Bard. ¿Sabes corregir textos? ¿Me ayudas?

Él contestará que sí, por supuesto. Abre su Word, copia una página, no se extienda demasiado, hágalo de a una página por vez, o solo un párrafo que encuentre dudoso, lo copia y pega en Bard; lo corregirá.

Otro ejemplo.

—Hola Bard. ¿Sabes sobre la vida de Napoleón? Quiero escribir una novela histórica. ¿Me ayudas con un resumen de su vida y algunas sugerencias?

Por supuesto que contestará. Demos un paso más.

—¿Me ayudas con ideas? Mi historia trata sobre una niña que camina sola por la ciudad, está perdida. Un motociclista la recoge para llevarla a la policía, pero en vez de eso, la lleva a su casa en el bosque simulando ser su padre. La historia continúa con que él es un buen hombre, realmente la quiere como a una hija. Pero los padres malvados de la niña, averiguan donde están y los encuentran. ¿Puedes crear una especie de escaleta, capítulo por capítulo?

Lo hará. Oh, sí que lo hace. Y ajústese el cinturón, hay más. Ahora utilizaremos Bing.

—Hola, Bing. Puedes darme un ejemplo sobre estructurar un guion basado en el cuento de "Caperucita Roja".

Bing, responde:

Título: Caperucita Roja

ESCENA 1: CASA DE CAPERUCITA

- Caperucita recibe instrucciones de su madre para llevar una cesta de comida a su abuela enferma.

- La madre advierte a Caperucita que no hable con extraños ni se desvíe del camino.

ESCENA 2: BOSQUE

- Caperucita se adentra en el bosque, siguiendo el camino hacia la casa de su abuela.

- El lobo se encuentra con Caperucita y la engaña para que revele a dónde va.

ESCENA 3: CASA DE LA ABUELA

- El lobo llega a la casa de la abuela antes que Caperucita y la devora.

- El lobo se disfraza de la abuela y espera a Caperucita.

ESCENA 4: CASA DE LA ABUELA

- Caperucita llega y nota que algo anda mal ("¡Qué ojos tan grandes tienes!").

- El lobo se lanza sobre Caperucita para devorarla.

ESCENA 5: CASA DE LA ABUELA

- Un cazador que pasaba por allí escucha los gritos y entra a la casa.

- El cazador mata al lobo, salvando a Caperucita y a su abuela (obliga al lobo a escupir la viejecita hacia afuera).

ESCENA 6: CASA DE LA ABUELA

- Caperucita, su abuela y el cazador celebran que están a salvo.

- Caperucita promete no desobedecer a su abuela de nuevo.

* En lo personal, me encanta Bard y Bing, son los que más utilizo. El primero es más osado, el segundo más preciso, pero ambos meten la pata. A veces la información, sobre todo la del día a día, últimas noticias, están desactualizadas, porque en la red se posicionan algunas páginas más que otras, y esas son precisamente las páginas de donde obtienen su resumen. Hay también palabras que están prohibidas, y las IAs se van por las ramas, sobre todo Bard. Si le doy un párrafo para corregir, diciendo que las piernas de la mujer... y alguna cosita que ellas consideren inapropiadas, abandonarán el tema o reescribirán el párrafo con sus propias palabras, más decentes, según ellas. Una vez puse el nombre de una actriz, muy conocida en los años 90, que fue diputada en Italia, le decían Chicho... lina; ninguno de los dos quiso hablar sobre ella. Igual ocurrió con un político, amante de la anterior, hay cosas de las que no se habla; o de otra gente famosa. Con cordialidad, se me respondió que no hay acceso al sistema de momento, eso dice Bing, todo un caballero, o caballera, y Bard, por otro lado, contesta que es una IA y no puede ayudar con eso. Quiero decir, las inteligencias artificiales son útiles, ayudan con información que antes nos costaba obtener a través de libros de historia, para hacer justamente una novela histórica; las IAS nos facilitan esa información, pero igualmente no se base en ellas, la creatividad es nuestra.

Le comento una experiencia. Tuve una charla extensa con Komo.ai. Lo hice desde mi móvil en un rato libre. La conversación trataba sobre un problema filosófico. Me tardé casi una hora con las preguntas y respuestas. Obtuve una gran idea. De allí salió un libro que escribí el año pasado y ya fue publicado.

Como verá, si investiga bien a las IAS, se dará cuenta de que tienen sus particularidades. Son útiles, más que útiles, deberían estar en el bolsillo de todo escritor. Y digo bien, bolsillo, como mínimo debe tenerla en su móvil para que no se le escapen ideas.

Para concluir, lo que resta comentar es que usted puede, pero no solo. A menos que haga como algunos personajes cómicos que trabajan desde su casa, no desde la pandemia, desde antes. Son actores, con una pantalla verde atrás, hay muchísimos videos en YouTube sobre cómo se hace, búsquelos así: «Como utilizar pantalla verde para hacer videos». Luego realizan su comedia de 5 a 10 minutos, la editan y venden a los canales de televisión o publican en su propia plataforma de videos monetizada. Si tiene todos esos talentos, escribe, actúa, edita y comercializa, pues, ¡adelante! Si no es así, asóciese con la pata de la mesa que le falte. Es decir, si usted es escritor, dedíquese a escribir, a hacer guiones o a buscar ideas, ya sea de una novela o de otros autores, dedíquese a las letras. Si es bueno para vender productos, pues sea ejecutivo, ocúpese de eso. Si es muy bueno en edición a través de computadora, pues, ya. Y si es actor, actúe, busque contenido u otros actores. Cada uno con lo suyo.

Mi maestro dijo una vez...

—Si querés escribir teatro, tenés que vivir en el medio.

Significa, el que quiera pescado, que se moje el culo. Muy práctico el hombre, ¿no le parece?

Y hemos llegado al final. Ha sido un gusto, colega. Puede localizarme en todos los buscadores como: Daniel Carballo Escritor.

Muchas gracias.

Sobre el autor

Daniel Carballo es escritor, guionista, autor de obras de teatro. Actualmente desarrolla y publica nuevas técnicas y temáticas de ficción, en su serie de libros para películas: «Calor Humano».

Don't miss out!

Visit the website below and you can sign up to receive emails whenever Daniel Carballo publishes a new book. There's no charge and no obligation.

https://books2read.com/r/B-A-HKJT-MBCYB

BOOKS2READ

Connecting independent readers to independent writers.

Also by Daniel Carballo

Calor Humano
Calor Humano Historias de la Serie
Reversa
Calor Humano. Ave Marina. Extensión Preppers
La Vidente
La reina en el tablero
Dana Hard
Posdata
Psicosis
Fuego a media mañana

Tesis Libros Espirituales en Español
Tesis Libros Espirituales en Español
Tesis Libros Espirituales en Español 2
Tesis Libros Espirituales en Español 3

Standalone
Curso para HACER milagros
Cómo hacer guiones de Tv
más allá de la inocencia

Cómo Vender Tus Libros en todas las Plataformas
El Martin y La Vera
Una Muerte Injusta

Watch for more at https://sites.google.com/view/
daniel-carballo-escritor/inicio.

About the Author

Daniel Carballo es escritor, guionista, editor de obras introspectivas. Actualmente desarrolla y publica nuevas técnicas y temáticas de Ficción en su serie de libros para películas: «Calor Humano».

Serie completa

Javi Verona

Fuego a media mañana

La caja vacía

Una muerte injusta

Reversa: Preparados para los días que vienen

Ave Marina: Extensión Preppers

Precuela: La reina en el tablero

Secuela: La vidente

Dana Hard: Inspirado en una historia real

Posdata: Rumbo al portal

Psicosis: Dentro de la cabina

Canal de videos: @danielcarballoescritor

Página Web: "Daniel Carballo Escritor"

Read more at https://sites.google.com/view/daniel-carballo-escritor/inicio.